W0061147

Ernst Siegl · *Unsere Oberlausitzer Berge*

Gruß vom Czorneboh

ERNST SIEGL

UNSERE OBERLAUSITZER BERGE

Ein Wanderführer

DOMOWINA-VERLAG GmbH
BAUTZEN

Vorwort

Zu jeder Jahreszeit zieht die Oberlausitz, eine Landschaft in Ostsachsen, Tausende Urlauber und Touristen wegen ihrer Schönheit und ihrer interessanten und wechselvollen Geschichte an.

Die Anfänge des Tourismus in der Oberlausitz begannen vor 150 Jahren. Berühmte Maler aus Dresden gehörten zu den ersten Besuchern, die mit geschultem Auge die Schönheit der hier aufragenden Berge als Motive erkannten und auf Kunstwerken darstellten.

In der Gründerzeit bildeten sich mehrere Oberlausitzer Gebirgsvereine, die sehr rührig und segensreich wirkten. Vor der letzten Jahrhundertwende vereinigten sie sich zum Dachverband »Lusatia«. Es wurden Bergbauden errichtet, Aussichtstürme gebaut, Wege wurden völlig neu angelegt, Wanderorientierungen geschaffen. Diese werden noch heute ständig erneuert oder ergänzt.

Verliebt in diese Berglandschaft, erwanderte ich während der letzten 35 Jahre alle Oberlausitzer Berge, und das nicht nur einmal. Bald fand ich, daß, abgesehen von vereinzelten Teil- oder Ganzmonographien, manch schöner Berg in der bisher vorliegenden Literatur überhaupt nicht oder nur teilweise beschrieben war, obwohl er dies auch im Interesse zahlreicher Wanderfreunde längst verdient hätte. Bei meinen Forschungen widmete ich mich nun verstärkt auch solchen Bergen.

Mit Hilfe des Domowina-Verlages haben wir nun einen Wanderführer zur Darstellung der Oberlausitzer Bergwelt herausgebracht, wie er in dieser Fülle trotz einem Anderthalbjahrhundert der Oberlausitzer Touristik noch nicht erschienen ist.

Natürlich konnten nicht alle Berge und die dazugehörigen Fakten aufgenommen werden mit Rücksicht auf die Handlichkeit des Buches. Die Auswahl war nicht einfach. Neben vielbesuchten Bergen wurden auch solche einbezogen, auf deren Gipfel und in einsamen Wäldern der Tourist absolute Ruhe sucht. Auch an weniger rüstige Menschen wurde gedacht.

Bleibt mir nur noch Dank zu sagen jenen Mitbürgern, die mir bei Forschungsarbeiten oder in anderer Art halfen. Dank den ungenannten Förstern und Waldarbeitern, Baudenwirten, Bergbauern und anderen Bewohnern von Bergdörfern, Wegemarkierern, langjährigen Wintersportlern, zahlreichen Wander- und Heimatfreunden sowie vielen Bibliothekaren in wissenschaftlichen Bibliotheken.

Alle Leser werden ebenso Freude erleben in der schönen Oberlausitzer Bergwelt, wie es mir gegönnt war und ist. Mit herrlichen Landschaftsbildern im Gedächtnis wird jeder frohgestimmt und erholt in seine Heimat zurückkehren.

Allzeit gutes Wanderwetter!

Bautzen, 15. Februar 1991   *Ernst Siegl*

Gruss vom Löbauer Berg   König Friedrich-August-Turm

INHALT

9

DER EICHBERG
Dubič

Viele Menschen fahren im Sommer und Herbst als Pilz- und Beerensammler in das Heidegebiet, auch um die wunderbare Stille zu genießen oder an den vielen Teichen den Reichtum der heimischen Wasservogelwelt zu beobachten. Zwischen Oppitz, Caminau bei Königswartha und Weißig liegt inmitten von großen Kiefernwäldern der Eichberg (sorbisch Dubič).

Obwohl die Berge im Süden als Randbergketten des böhmischen Gebirgsmassivs alle wesentlich höher sind, empfindet man die 161 m des Eichbergs inmitten der Ebene des Urstromtales doch als erhoben. Von Weißig aus, wo wir am südlichen Ortsrand das Fahrzeug abstellen, gehen wir die Anhöhe hinan und sehen alsbald ein aus Naturstein erbautes, hoch aufragendes Denkmal in einer stumpfen Obeliskenform. Angekommen, lassen wir unsere Blicke in nordwestlicher und nördlicher Richtung weithin schweifen.

Das umfriedete Denkmal auf dem Eichberg trägt alte Kanonenkugeln, die schon verwittert sind. »Den gefallenen Helden« steht auf der obersten Gedenktafel. Wir stehen an einer für die deutsch-russische Waffenbrüderschaft historisch bedeutsamen Stelle, auf einem Schlachtort der Kämpfe im Jahre 1813.

Nach der Niederlage Napoleons in Rußland hatte der französische Usurpator rasch wieder ein Heer aufgestellt, war in Deutschland eingefallen, konnte jedoch in der Schlacht am 2. Mai 1813 bei Lützen/Großgörschen keinen Sieg erringen. Der Rückzug der Verbündeten führte nach der Oberlausitz, in der sie hinter der Spree Stellung bezogen. Da der sächsi-

11

sche König sich noch immer nicht für die Verbündeten entschieden hatte, riefen der russische Oberbefehlshaber, General Wittgenstein, sowie der preußische General Blücher die
sächsischen Jugendlichen auf, als Freiwillige den Verbündeten beizutreten, was auch massenhaft geschah.

Am 19. Mai 1813 rückte Marschall Ney, von Hoyerswerda
kommend, mit 60 000 Mann gegen die Verbündeten vor.
Diese beschlossen, das Ney'sche Truppenkontingent sich
nicht mit dem vor Bautzen stehenden Heer unter Napoleon
vereinigen zu lassen. Deshalb schickte man preußische und
russische Einheiten unter Barclay de Tolly den Franzosen
entgegen. Sie marschierten über Oppitz zum Eichberg. Am
19. Mai 1813 um 14 Uhr traf der preußische General Yorck
in Hermsdorf ein, wo die erschöpften Truppen rasten sollten.
Plötzlich hörte man Schlachtenlärm aus Richtung Königswartha. Hier waren die russischen Truppen, die getrennt von
Yorck marschierten, mit einer italienischen Division in
Kämpfe verwickelt. Yorck gab Befehl, sofort einzugreifen.
Ein Bauer aus Hermsdorf wurde beauftragt, eine Husarenab-
teilung auf kürzestem Weg dorthin zu führen.

Aber schon bei Weißig, unter dem Eichberg, bekam Yorck
Feindkontakt. Nach einem Scharmützel, bei dem der Bauer
angeschossen, aber durch eine metallene Trinkflasche in seiner Brusttasche gerettet wurde, ließ Yorck auf dem Eichberg
Artillerie aufstellen, davor Infanterie und Dragoner. Bis
abends um 21 Uhr wurde um den Berg, der eine hervorra-
gende taktische Stellung bot, gekämpft. Am Spätabend befahl Yorck, sich wieder auf die Kreckwitzer Höhen zurückzu-
ziehen.

Er hatte 5 673 Soldaten unter Befehl. Doch jeder vierte
war hier gefallen. 1 500 junge Menschenleben, nicht gerechnet die hohen französischen Verluste, wurden ausgelöscht.
Hundert Jahre später wurde das Denkmal erbaut und eingeweiht. Denkt man an diese Kriegsleiden, fühlt man fast kör-
perlich die nun am Berg herrschende Stille: Es ist Frieden!

Wenige Schritte hinter dem Denkmal steigen wir in breit-
flächige Gruben hinab, die verraten, daß hier emsige Hände

am Werk waren. Wir stehen auf einem geologischen Denkmal. Als man vor vielen Jahren die Vorkommen an Alaunschiefer entdeckte, glaubte man, ihn als Dachschiefer verwenden zu können, doch dieses graublaue Gestein ist zu bröckelig. Er ist sehr alt und vor etwa 500 Millionen Jahren, noch vor dem Granit und dem Dachschiefer, im Silur entstanden und durch die kaledonische Gebirgsbildung hochgehoben worden. Im Alaunschiefer finden sich geometrisch geformte Zeichen, Millionen Jahre alte Spuren von Lebewesen, sogenannten Graptolithen, Leitfossilien des Silur.

In diesen geologischen Schichten fanden sich auch Kupfervorkommen, freilich nicht in abbauwürdigen Mengen, obwohl auch das versucht wurde. Die breiten, tiefen Gruben sind demnach bergmännische Schürfversuche.

Am einsamen Berg in der Heide hat sich ein alter sorbischer Volksbrauch erhalten, das Oster-Böllerschießen. Jugendliche aus den benachbarten Orten lassen alte Behältnisse wie ausrangierte Milchkannen zerbersten, daß es weit in die Kiefernheide schallt.

DER GLEINAER
WINDMÜHLENBERG

Unser Ziel im Norden des Kreises Bautzen ist der niedrige Gleinaer Windmühlenberg (168 m). Wer mit dem Bus fährt, steigt in Malschwitz genau vor der Schule aus. Nun gehen wir in Richtung Guttau am Friedhof vorbei, der noch ein schönes Rundbogentor aufweist. Schließlich schwenken wir rechts auf die Straße nach Gleina ein.

Flach liegen weite Felder vor uns. Wir befinden uns in einer großen Bucht des Urstromtales. Etwa 1,8 Kilometer müssen wir fast geradeaus wandern, bis wir rechtwinklig auf die Straße Guttau-Preititz stoßen. Wir sind am Ziel. Autobesitzer können bis hierher fahren.

Der Gleinaer Windmühlenberg, zur Hälfte bewaldet, hat seinen Namen von dem hinter dem Berg liegenden Ort Gleina. Wir halten uns links, kommen an einem großflächigen Freilandsilo vorbei und steigen dann rechts den Berg hoch. Ein einziges Haus steht am Gipfel, das frühere Domizil des Windmüllers. Ende des vergangenen Jahrhunderts lohnte sich die Windmüllerei nicht mehr, und deshalb wurde 1899 die hölzerne Windmühle abgebrochen.

Der Rundgang am Gipfel lohnt sich: Die lange Kette des Lausitzer Berglandes, die Türme und Dächer Bautzens, die Kamenzer Berge, die Hohe Dubrau bei Groß Radisch, die Königshainer Berge, der Strohmberg bei Weißenberg und der Löbauer Berg grüßen aus der Ferne.

Der Gleinaer Windmühlenberg ist geologisch interessant. Hier wurde bewiesen, daß die riesigen Eismassen nicht alles unter sich glatthobelten, sondern auch über voreiszeitliche Schottermassen hinweg südlich vorstießen. Zwar sind die obersten Schichten des Windmühlenberges die Reste einer eiszeitlichen Endmoräne (sandiger Geschiebelehm), aber darunter liegen ältere Schottermassen aus weißen Quarzen und schwarzen Kieselschiefern, allesamt rund. Damit ist bewiesen, daß sie Ablagerungen eines früheren Meeres sind.

In den ehemaligen Kies- und Sandgruben an der Südseite des Berges fällt auf, daß hier viele und große Blöcke von Raseneisensteinen liegen. Auch der Eisenberg unweit von Guttau, ein Basaltberg, birgt in seinem Fels Magnetit. Deshalb wurde dieses Gestein wie das am Windmühlenberg gefundene Raseneisenerz früher in den Eisenhämmern von Kreba, Burghammer und Wartha entweder als Zuschlagstoff oder in reiner Schmelze verwendet.

An den Bergrändern liegen zahlreiche vielfarbige Steine aller Größen, unter anderem roter Porphyr, der durch die Eiszeitgletscher von Schweden hergeschoben wurde. An keinem Berg habe ich so viele Drei- und Vierkanter gefunden. Jahrtausende haben die Stürme der Eiszeit scharfen Feinsand über freiliegende Steine geweht, so daß sie geschliffen wurden und Kanten erhielten.

Von Militärhistorikern wurde nachgewiesen, daß rund um den Windmühlenberg Napoleons Stern endgültig zu sinken begann. In den blutigen Tagen der Schlacht bei Bautzen am 20. und 21. Mai 1813 hatte der russische General Barclay de Tolly zur Abwehr der anstürmenden Franzosen den Windmühlenberg besetzen und auf ihm 24 Zwölfpfünderkanonen aufstellen lassen. Nachdem 40 000 Franzosen von nur 5 000 Russen aufgehalten worden waren, hat Barclay de Tolly, um der Gefahr eingekreist zu werden zu entgehen, das schon völlig durchlöcherte Windmüllerhaus verlassen und sich auf die Linie Preititz-Buchwalde zurückgezogen.

Nun besetzte Marschall Ney den Berg. Im Windmüllerhaus erhielt er den Befehl Napoleons, in Richtung Hochkirch durchzustoßen und den Gegner einzukesseln. Inzwischen waren aber Blüchers Truppen Barclay de Tolly zu Hilfe gekommen, und sie rückten erneut bis zum Windmühlenberg vor. Marschall Ney wurde in Kämpfe verwickelt, die im Operationsplan Napoleons nicht vorgesehen waren. Hätte Ney Napoleons Plan früher ausgeführt, wären die Verbündeten in einer Kesselschlacht geschlagen worden. So aber blieb die Befreiungsarmee intakt und konnte ein halbes Jahr später in der Völkerschlacht bei Leipzig Napoleon besiegen.

Am 4. Februar 1926 wurde auf dem Windmühlenberg in 1,50 Meter Tiefe ein merkwürdiger, fast verbackener Tonblock gefunden, der vorgeschichtliche Urnen enthielt. Prähistoriker konnten ihn in keine der Oberlausitzer Epochen klar einordnen. Die Urnen wiesen Merkmale der böhmischen Megalith-Kultur (Hünengräber-Kultur), andererseits der Oberlausitzer Schnurkeramik auf.

Als man fast den halben Berg zur Kies- und Sandgewinnung abgegraben hatte, fand man Ende des vergangenen Jahrhunderts auch 26 Münzen, vorwiegend aus der Römerzeit. Wie mag dieser Geldschatz so weit nach Norden gekommen sein? War es die Barschaft eines Händlers oder Tauschgeld für gelieferte Waren?

Auf unserem Bergrundgang erblicken wir nordwestlich an der Straße Malschwitz – Guttau großflächige und hohe Anlagen und Gebäude des Getreidelagers Guttau. Wer Zeit hat, kann noch einen Abstecher nach dem Eisenberg bei Guttau unternehmen. Er ist die nördlichste Vulkankuppe im Kreis Bautzen, entstanden aus Basaltmagma, das vor rund 30 Millionen Jahren im Tertiär zwischen den zerbrochenen Granitmassen in Spalten hervorquoll. Hier wurde im Steinbruch sogar der Vulkanschlot freigelegt, aber wieder zugeschüttet. Bemerkenswert ist, daß sich auf dem Eisenberg (163 m) eine unter strengem Naturschutz stehende Flora, die nördlichsten wärmeliebenden Pflanzen und Sträucher, halten konnte.

Wer nur den Windmühlenberg besucht, steigt zur Rückfahrt wieder in Malschwitz ein. Wer noch am Eisenberg war, kann von Guttau den Bus der Linie Niesky – Bautzen benutzen.

16

DIE HOHE DUBRAU
Dubrawa

Heute fahren wir mit dem Autobus in Richtung Niesky bis nach Weigersdorf, denn unser Ziel ist die Hohe Dubrau. Dies ist ein interessanter Berg, der jedoch sehr wenig besucht wird. Er ist die höchste Erhebung des Oberlausitzer Teichgebietes und des Kreises Niesky.

Schon während der Hinfahrt merken wir, daß wir uns wieder im riesigen Urstromtal befinden, wo einst die Schmelzwässer der Elster-Eiszeit in Jahrtausenden abflossen. Noch heute fließt hier Wasser in Mengen, allerdings unterirdisch, und nun erklärt sich auch, warum ein großer Teil der Oberlausitz das Trinkwasser aus dem sandigen Heidegebiet vom Wasserwerk Sdier erhält, das auf dem unsichtbaren Wasserstrom unter der Erde aufsitzt.

In Weigersdorf angekommen, sehen wir schon die Hohe Dubrau (307 m) in östlicher Richtung. An diesem Berg vorbei floß einst, so unglaublich es heute klingen mag, der östlichste Arm der Ur-Elbe, was kaum bekannt ist. Der Ort Weigersdorf wurde schon 1334 als »Wignandisdorf«, also als ein Dorf eines Wignand – sicherlich der Locator, der Siedler herangeführt hatte – erwähnt. Am östlichsten Ortsrand nimmt uns ein Wiesenweg auf. Wenn wir zur eingefaßten Quelle kommen, deren Wasser wir kosten, befinden wir uns schon am Bergfuß. Nun gehen wir etwas süd-, bald aber ostwärts. Schon unterwegs sind wir erstaunt, welch schöne Aussichten sich hier anbieten. Kein Wunder, mit Ausnahme der südöstlich liegenden Königshainer Berge behindert keine Anhöhe unseren Gesichtskreis.

Hohe Dubrau stammt namentlich aus dem Sorbischen

und bedeutet Hoher Eichenwald oder Hohe Eichenwaldhöhe. Abgeleitet ist der Begriff von »dub«-Eiche. Wir sind auf unserem Waldpfad, den wir aufwärts gehen, verblüfft, daß die Natur noch nach Jahrhunderten trotz oftmaliger zerstörerischer Eingriffe, wie Waldbrände Holzraubbau, Rodungen ohne Nachpflanzungen usw. standortgerechte Flächen immer wieder mit ein und denselben Gewächsen besiedelt. Noch jetzt gibt es deshalb hier zahlreiche Eichen. An der Westseite überwiegen allerdings Kiefern, an der Ostseite sind es Fichten, eingestreut auch Birken und Buchen. In kleinen Tälchen überwiegen Laubgehölze mannigfacher Art. Findet unser Bergbesuch im Sommer statt, sehen wir schon an den Weg- und Pfadrändern viele Preiselbeeren, die hier gut gedeihen. Wir merken uns dies für eine reiche Beerenernte vor. Unterwegs fällt uns ein, daß wir uns in einem 108,76 ha großen Naturschutzgebiet befinden. Die zwei klippenbesetzten höchsten Kuppen des Berges, eines nordwest–südöstlich streichenden Bergrückens, sind als Doppelgipfel fast gleich hoch. Die westliche Kuppe mißt 307,2 m, die östliche 302 m. Obwohl wir uns in einer Ebene ringsum befinden, sind die oberen Hänge steil.

Nach Südwesten erfolgt eine allmähliche Abflachung, die sich, wie wir feststellen können, bis zu den Kreckwitzer Höhen im Kreis Bautzen hinzieht. Schon geraume Zeit sind uns am Wegrand helle, fast weiße, manchmal auch gräuliche Steine aufgefallen, Quarzit. Dies zwingt uns, sich etwas mit Geologie/Mineralogie zu befassen.

Die Grauwackeformation ist ein uraltes Oberlausitzer Grundgestein, das sich aus einer etwa 2 000 m (zwei Kilometer!) hohen Ablagerung eines Urmeeres vor etwa 800 Millionen Jahren bildete. Darauf aufsitzend oder benachbart steht auf der Hohen Dubrau Quarzit an. Auch dieser ist Meeressediment, allerdings eines anderen Meeres, ein Sandstein, der fast nur aus Quarz und einem kieseligen Bindemittel besteht. Er entstand etwa vor 500 Millionen Jahren im Silur. Aber auch derjenige, der sich mehr für andere Erscheinungen in der Natur interessiert, z. B. für Pflanzen und Tiere,

18

kommt auf diesem Berg auf seine Kosten. Es sei nur darauf hingewiesen, daß es im Kreis Niesky, der nicht so stark industrialisiert wie seine Nachbarkreise ist, 140 Naturdenkmale, acht Naturschutzgebiete und 30 Flächennaturdenkmale gibt.

Nun sind wir schon durch die Blockhalden hindurch, die plattig verwittertes Gestein aufweisen. Wir stehen am Gipfel, auf der Groß Radischer Dubrau, an Klippen mit Schichtungen und Spaltungen. Nicht weit ragt die Kollmer Dubrau auf, die fünf Meter niedriger ist. Beide Namen leiten sich von benachbarten Orten ab. Rundum reicht die Fernsicht, da kein anderer Berg Hindernis ist. Über riesige Kiefernwälder hinweg schauen wir nach Osten bis in die Westgebiete Polens hinein, aber auch auf zahlreiche Dörfer.

Wir blicken hinüber zu den Königshainer Bergen, auf die Hochflächen bei Petershain und Stannewisch. An Sonnentagen blitzt es an manchen Stellen in der Ebene, als lägen dort riesige Spiegel. Nicht gänzlich einzusehen ist das größte sächsische Gewässer, die Talsperre Quitzdorf, die einen 18 km langen Strand hat. Sie weist etwa 650 ha Wasserfläche auf. Es »blitzt« aber auch in großen Teichgebieten, so bei Kreba, Quolsdorf, Petershain und Trebus. Das namensgebende Dorf für den größten »Spiegel« freilich, nämlich Quitzdorf, würden wir vergeblich suchen, denn es ist wie die im Bautzener Stausee liegenden Dörfer Nimschütz und Malsitz im Wasser versunken. Ein 1,5 km langer Erddamm bändigt die Wassermassen des Stausees Quitzdorf, der bei Bedarf im Flüßchen Schöps nach Boxberg zum Kraftwerk Wasser abgibt. Die Staumauer ist 10 m hoch und vier Meter breit. Hier ist ein Erholungszentrum entstanden, mit Badesträndnen in allen Himmelsrichtungen, Wassersport ist hier Massensportart, auch ein schönes FKK-Gelände auf einer Halbinsel ist vorhanden. An trüben, wenig zum Baden verlockenden Tagen rücken die Hohe Dubrau und ihre Wälder in das Interesse der Stauseegäste, die so einen See- und Bergurlaub im gleichen Gebiet verbringen können.

Wer allerdings vom Aufstieg schon ermüdet und verschwitzt ist, dem kann sofort geholfen werden, er braucht nicht zum Quitzdorfer Stausee zu fahren. Am Südwestfuß befindet sich ein Waldbad. Unter schattenspendenden Kiefern ist ein Parkplatz angelegt. Über den Sandstrand erhebt sich sogar ein Springturm. Vor einem Kiosk stehen Bänke und Tische, ab und zu ertönt an heißen Sommertagen hier auch schöne Musik. Auch in der Umgebung können wir uns ein bißchen umsehen. Am Bergnordabhang liegt der Ort Steinölsa. Ein idyllisches Fleckchen Erde bietet sich dem Naturfreund an jener Quelle, die am Waldrand entspringt und als Bächlein mehrere hintereinander gelegene Fischteiche mit Wasser versorgt. Unweit, in östlicher Richtung, erhebt sich eine Anhöhe, der Gemeindeberg (222 m), der gänzlich unbewaldet ist. Auch von ihm hat man eine schöne Aussicht. Der andere Ort zu Füßen des Berges, ebenfalls in der Nähe liegend, ist Kollm, der, wie wir sehen, einem der Gipfel den Namen gab. Ursprünglich hieß dieses stille Dorf »zu Colmen« (1360). In ihm hat sich Jahrhunderte die Legende erhalten, daß der erste evangelische Pfarrer Martin Kisitz 1539 vom Reformator Martin Luther nicht nur persönlich ordiniert, sondern auch in dessen Anwesenheit eingesetzt worden sei. Dies ist eine der drei Nachrichten in der Oberlausitzer Geschichte, nach denen Luther in unserem Gebiet gewesen sein soll. Die Legende wird durch eine zweite unterstützt. In der Kirchhofsmauer zu Kollm befindet sich ein Gedenkstein, ein Kreuz. Es soll daran erinnern, daß bei dem großen Menschenmassenandrang, den Luthers Anwesenheit im Ort auslöste, weil Menschen von nah und fern nach Kollm gekommen waren, ein einheimischer Müller erdrückt worden sei. Deshalb trüge zu seinem Gedenken der Stein auch das Bildnis eines Mühlrades.

Der nächste Ort, der an unserem heutigen Berg liegt, ist Groß Radisch. Sein Ortsname leitet sich von einem sorbischen Personennamen, Ort eines Radisch, ab. Erstmalige Erwähnung 1422 Radischow. Er ist in 250 m Höhe der höchstgelegene Ort des Kreises Niesky. Aus diesem Grunde ist das Dorf ein beliebtes Ziel von Ausflüglern. Wie sie, kehren auch wir jetzt in der Gaststätte ein und stärken uns. Obwohl in früheren Zeiten sehr abseits gelegen, muß dieser Ort bereits vor 1501 eine dürftige Heideklippschule gehabt haben. Im genannten Jahr wurde nämlich der Kirchschreiber und Dorflehrer Merten beschuldigt, zwei Jahre vorher, also 1499, im Nachbarort Kollm die Kirche geplündert zu haben und dies gemeinsam mit einem anderen, nicht namentlich genannten Mann.

In streng zunächst westlicher, dann nordwestlicher Richtung gehen wir über den kleinen Ort Oberprauske zu unserem Ausgangspunkt, zur Bushaltestelle Weigersdorf zurück. Autofahrer können am Nordende von Groß Radisch, wo die Straße nach Steinölsa führt, parken. Die Bergwanderung hat den Vorteil, daß man stets das Wanderziel von mehreren Richtungen sehen kann und ein Verlaufen deshalb unmöglich ist.

4

DER HUTBERG
Pastwina hora

Zu den Stadtbergen und zur nordwestlichen Grauwackeformation der Oberlausitz gehört der 296 Meter hohe Hutberg
nordwestlich von Kamenz. Gern wird er zur Blütezeit im
Mai besucht.

In Kamenz besichtigen wir den Andreasbrunnen am
Marktplatz, ein Kunstdenkmal der Renaissance, das Rat-
haus, das Lessing-Museum, das Museum der Westlausitz
oder den bronzezeitlichen Ringwall auf dem Reinhardsberg
(Lausitzer Kultur). Die Stadt wurde 1225 erstmals als »Kamenz oppidum burcwardus« erwähnt. Der Name ist vom sorbischen »kamjeń« (Stein) abgeleitet und bedeutet »kleiner
Ort am Stein«.

Auf der Königsbrücker Straße kommen wir zum Stadt-
rand. Rechts liegt ein Parkplatz. Im rechten Winkel wenden
wir uns links. Gepflegte Wege führen auf den Hutberg. Vom
Bahnhof läuft man etwa 25 Minuten bis zum Gipfel. Der
Bergname stammt von »auf der Hut sein«, also von der
Wachfunktion oder von der Hutung, der Tierweide.

Im Frühling gehen uns hier fast die Augen über von der
Pracht der Blüten. Dicht an dicht stehen Rhododendron und
Azaleen in den verschiedensten Farbnuancen. Über riesigen
Sträuchern ragen interessante Nadel- und andere Bäume aus
aller Welt auf, Blaufichten, Nordmannstannen, Lärchen, En-
gelmannsfichten und Douglasien, Blutbuchen und Conco-
lortannen, auch viele Eiben, Gingkos, Hängebuchen, Stech-
palmen. An anderen Stellen duften zahlreiche Jasmin- und
Kerriebüsche.

Dann wandern wir durch den ersten »blauen Wald«

Deutschlands. Diese botanischen Anziehungspunkte sind Männern zu verdanken, die im Kamenzer Raum erfolgreiche Neuzüchtungen hervorbrachten: Johann Heinrich Seidel, Rudolf Seidel und Wilhelm Weiße. Johann Heinrich Seidel erlernte in Dresden den Beruf eines Gärtners und studierte ab 1764 sieben Jahre die fortgeschrittensten Gartenkulturen in Österreich, Frankreich, den Niederlanden und Großbritannien. Schon 1807 bot er sechs selbstgezüchtete Rhododendronarten zum Kauf an. Goethe, der sich mit der Metamorphose der Pflanzen beschäftigte, suchte 1794 den Meister erstmals in Dresden auf und hielt lange Zeit mit ihm Kontakt. Ein Nachkomme von ihm, Rudolf Seidel, der übrigens der Züchter der Blaufichte ist, hat mit dem Baumschulgärtner und Dendrologen Wilhelm Weiße zwischen 1915 und 1920 dieses herrliche Naherholungsgebiet am Hutberg geschaffen. Es war gleichzeitig Akklimatisationsstätte vieler Züchtungen der 1873 gegründeten Kunstgärtnerei Weise. Weise war sächsischer Hoflieferant, Ehrenbürger von Kamenz und stand mit weltbekannten Dendrologen und Pflanzensammlern in Japan und Amerika in Verbindung.

Nun sehen wir schon das geräumige Hutberg-Hotel und den 18 Meter hohen Lessing-Turm. Früher wurde die Aussicht vom Berg von bewaffneten Stadtsoldaten genutzt, um die Hohe Straße zu überwachen und die Kaufmannswagen zu schützen.

1836 bildete sich ein Gremium, das eine Gesellschaft zum Bau eines Aussichtsturmes gründete und Aktien zu je fünf Talern auflegte. Der Stadtrat stellte den Bauplatz zur Verfügung und sagte die Schankgenehmigung zu. 49 Aktien waren gekauft. Doch nach dem verheerenden Stadtbrand im August 1842 war der Wiederaufbau von Wohnstätten zunächst wichtiger. Zehn Jahre später, im Dezember 1852, griff der Stadtrat das Hutbergprojekt wieder auf, doch eigenartigerweise lehnten diesmal die Stadtverordneten einen Bau ab, wahrscheinlich, weil die Brandschäden noch nicht beseitigt waren. Schließlich gründeten im April 1858 energische Männer ein »Komitee zur Errichtung eines Lessingturmes«. Der

Name wurde gewählt, um den größten Sohn der Stadt zu ehren. Die Bürger spendeten für Turm und Schankgebäude reichlich, und auch der Stadtrat bewilligte einen großen finanziellen Zuschuß. Am 30. März 1864 wurde der Grundstein für den Turm gelegt.

Die Baukosten betrugen 1 992 Taler, 2 Neugroschen, 6 Pfennige. Kamenzer Töpfergesellen brachten am 9. August 1864 am Turm ein Stadtwappen an. Die Turmkrone erhielt Richtungsanzeigetafeln. Am 21. August strebten Tausende von Menschen zum Gipfel, um die Turmweihe mit Ehrenschüssen zu erleben. Am Abend gab es bengalische Beleuchtung.

Bald jedoch stellte sich heraus, daß das Schankgebäude zu klein war. Deshalb baute man 30 Jahre später, von April bis September 1895, das Hutberghotel. Der Stadtrat übernahm die gesamten Baukosten.

Bald war auch das 1895 erbaute Hotel auf dem Hutberg zu klein, zumal man in den oberen Räumen naturwissenschaftliche Sammlungen untergebracht hatte, die von den Besuchern besichtigt werden konnten. 1929 ist das Hotel so ausgebaut und erweitert worden, wie wir es heute kennen.

Nachdem wir uns gestärkt haben, gehen wir auf der Bergkuppe südlich weiter und gewahren bald die große Freilichtbühne, die wie ein griechisches Amphitheater aussieht. Baubeginn war 1934. Ein Jahr später wurde sie anläßlich des Jubiläums »300 Jahre Oberlausitz bei Sachsen« (gemeint ist die 1635 erfolgte Übernahme von Böhmen) eingeweiht.

Auch im Winter hat der Hutberg seine Reize. Die Berghänge in Richtung Lückersdorf bieten sich für den Wintersport an.

Auf dem Rückweg besuchen wir an der Königsbrücker Straße die St.-Just-Begräbniskirche, die vor 1317 in gotischer Form erbaut wurde. In ihr wurden 1935/36 Wandmalereien entdeckt, die wahrscheinlich aus dem 14. Jahrhundert stammen, von böhmischem Einfluß sind und damit die ältesten Innenmalereien darstellen, die in der Oberlausitz bisher gefunden wurden. Selbstverständlich wurden sie restauriert.

In dieser alten Kirche befindet sich eine weitere Rarität, eine Gedenktafel für den Handelsmann Albertus Blau, der in drei Jahrhunderten lebte. Er wurde 1599 in Schottland geboren, war 55 Jahre verheiratet, hatte 24 Kinder und Kindeskinder und ist 1710 als 111jähriger gestorben.

5

DER SCHWARZE BERG
Čorna hora

Weniger bekannt und dennoch ein lohnenswertes Ziel für den Natur- und Bergfreund ist das reizvolle Nordwestlausitzer Hügelland.

Südlich des Haselbaches und der Straße Elstra-Bischheim erheben sich die Granit-, nördlich die Grauwackeberge. Außer Hutberg und Schwedenstein finden wir rund 30 Berge, die meisten 300 bis 400 Meter hoch.

Zunächst fahren wir nach dem idyllischen Kleinstädtchen Elstra, 1248 als Elstrowe erstmals erwähnt und 1383 zur Stadt erhoben. Es ist eine kleine, sehr saubere Landstadt. Auf dem Marktplatz blieb die Postdistanzsäule von 1725 erhalten. Im Park steht der Herkules mit Weltkugel von Balthasar Permoser.

Nun erfragen wir den Weg nach dem kleinen Ort Talpenberg, den wir zu Fuß in rund 25 Minuten erreichen. Hinter dem Dörfchen erhebt sich der größte Grauwackeberg, der Schwarze Berg (413 Meter). Bevor wir ihn besteigen, überblicken wir ein anmutiges Stückchen Oberlausitz, das Wohlaer Ländchen mit den Dörfchen Wohla, Talpenberg, Boderitz, Dobrig, Welka, Rehnsdorf, Kriepitz und Ossel, die alle reichlichen Baumbestand haben.

Wir gehen in Richtung Dobrig. Der Bergwald tritt ganz nahe an die Straße heran. Zwischen Wald und Straße liegt das Gasthaus »Zur Fünfe«. Im Volksmund heißt die Schenke »die Fimpe«. Der bekannte sorbische Wissenschaftler Prof. Dr. Mucke (1854–1932) aus Bautzen wies nach, daß der verballhornte Name von Viehpumpe kommt. An dem Brunnen wurde die erstmals 1794 erwähnte Schenke erbaut.

Die Aussicht von hier reicht bis Bautzen und zur Görlitzer Landeskrone.

Nicht weit liegt am Südfuß des Berges ein riesiger Block von eigenartiger Gestalt, der Teufelsstein. Er hat an den Seitenunterteilen tiefe Schrammen, die früher als Spuren von Eisenketten gedeutet wurden. Nachgewiesen ist, daß hier in Kriegszeiten bedrängte Menschen ihr Hab und Gut eingegraben haben. Auch Schatzgräber waren am Werk. Archäologen vermuten eine Opferstätte.

Bevor wir den Berg hinaufsteigen, sehen wir nach Rehnsdorf hinab, zu seinen mächtigen Linden. Auf einer konnte man früher essen und trinken, weil in der Krone eine mit Geländer geschützte Sitzfläche angebracht war. Sie ist noch zu sehen, die Gaststätte ist aber leider geschlossen.

In gut einer halben Stunde stehen wir am Gipfel und blikken weit nach Nordosten bis in die Senftenberger Gegend. In nur wenigen Minuten erreichen wir den zweiten Berg dieses Höhenzuges, den 385 Meter hohen Brandhübel. Waldfriede umfängt uns hier. Wir beobachten Wildvögel.

Wir bleiben weiter im Wald. Unweit und östlich vom Gipfel führt ein Weg hinab, der nach Norden einem Tal zustrebt, in dem ein Weg Nieder-Gersdorf und Boderitz verbindet. Wir überqueren ihn und steigen auf einen dritten Berg, den 388 Meter hohen Hennersdorfer Berg. Vom Gipfel blikken wir auf die nördliche Landschaft um Kamenz. Halbrechts erhebt sich der Wohlaer Berg (335 Meter), westlich liegt der Heilige Berg (354 Meter).

Auf Waldwegen streben wir westlich abwärts, treten aus dem Wald, überqueren am Südende des Dorfes Hennersdorf ein enges Tal und steigen auf den nächsten Berg. Den eigenartigen Namen Heiliger Berg trägt er, weil bis zur Reformationszeit an seinem südwestlichen Hang eine Kapelle stand, einer frommen Frau Wandelburgis oder Walburgis geweiht. Die Kapelle zerfiel später allmählich und wurde 1542 mit Genehmigung des damaligen Meißner Bischofs durch den Rat der Stadt Kamenz abgebrochen. Erbaut hatte sie Bischof Gero (1152–1170). Walburgis soll 778 gestorben sein.

Auf dem Berggipfel nimmt uns der Ausblick gefangen. Zum Wallberg-Höhenzug hinüberblickend, glauben wir uns in eine Thüringer Waldlandschaft versetzt. Die etwa in 300 Meter Höhe stehenden Häuschen am Hennersdorfer Berg hatten uns schon einen thüringischen Eindruck vermittelt. Schön ist auch der Blick hinüber zum Golksberg (303 Meter), der ebenso nahe liegt wie der Brandhübel dem Schwarzen Berg.

Der verballhornte Name Golksberg bedeutet eigentlich Galgenberg.

Der Heilige Berg ist für die Heimatfreunde und -forscher deshalb interessant, weil er der erste Berg ist, über den von Bischheim kommend die sogenannte Mönchsmauer, ein gepflasterter Steinpfad, läuft. Der Steig erstreckt sich parallel zum Haselbach vom Heiligen Berg über den Hennersdorfer Berg, Eulenstein, Brandhübel, Schwarzen Berg, Ohorner Steinberg bis zum Sibyllenstein (auch Hochstein genannt) im Luchsenburger Revier, dicht an der Autobahn Dresden – Bautzen. Er ist uralt und wahrscheinlich ein Rennsteig wie der im Thüringer Wald.

Bereits in der berühmten Oberlausitzer Grenzurkunde von 1223 (1241 auf dem Königstein ratifiziert) wird dieser geheimnisumwobene Steig als »semita Pribislai« genannt. Der Name hängt mit einem Pribislaus oder Pribislav zusammen, kann also als »Weg des Pribislaus« gedeutet werden. Nun war aber zu Anfang des 13. Jahrhunderts wirklich ein Pribizlai in Göda bei Bautzen Priester. Damals gehörten zu Göda viele Dörfer als Pfarrsprengel, 1559 sogar noch 66, so daß der Vertreter der Kirche weithin im Land Machtbefugnisse hatte.

Der sächsische Forscher Prof. Dr. Meiche, von dem das umfassendste sächsische Sagenbuch stammt, schließt sich dieser Deutungsvariante an. Andere Forscher jedoch meinen, dieser mit erheblichem Arbeitsaufwand gebaute und sich viele Kilometer bergauf und bergab hinziehende Pflasterweg durch die Bergwildnis sei errichtet worden, um dem Bischof von Meißen auf kürzeste und leichteste Art Besuche in Göda und Bautzen zu ermöglichen. Ein anderer Fakt unterstützt das; denn westlich vom Heiligen Berg liegt als nächster Ort Bischheim, das schon, als es erstmalig 1225 erwähnt wurde, »Bischofesheim« (Bischofsheim) hieß. Dort habe der Meißner Bischof übernachtet, weil der Ort in der Mitte zwischen Meißen und Bautzen liegt. Ein Blick auf die Landkarte lehrt, daß tatsächlich durch dieses Gebiet die günstigste, weil kürzeste Wegstrecke zwischen beiden Städten führt. Der Legende nach soll Bischof Benno, der 1076 die Gödaer Kirche gründete, bereits in Bischheim übernachtet haben.

Heute sieht man natürlich nicht mehr überall das früher durchgehend vorhandene Pflaster, aber am Heiligen Berg sind noch Reste zu finden. Daß sich auf diesem Berg schon früher Menschen, sicher als Jäger oder Sammler, aufhielten, beweist ein 1825 an der Mönchsmauer gefundenes vorgeschichtliches Steinbeil. Interessant ist auch, daß Heimatforscher den Begriff »semita Pribislai« schon in dem 1845 erschienenen Buch »Beschreibung von Sachsen« auf Seite 543 als Rennsteig interpretierten.

Wenn man die Schönheit, den geologisch, botanisch, faunistisch und historisch reichen Eindruck dieses Berggebietes, dazu noch die günstigen Verkehrsmöglichkeiten betrachtet, muß man sich wundern, daß es weniger als andere Gebiete der Oberlausitz besucht wird. Seit 1973 gibt es allein im Kreis Kamenz 45 geschützte geologische Denkmäler! Die mit dem Schwarzen Berg genannten Berge liegen alle dicht beieinander. Die Höhenangaben beziehen sich auf die Meereshöhe, von der wir ja nicht starten.

6

DER SCHWEDENSTEIN

Zu den hervorragendsten Aussichtspunkten der westlichen Oberlausitz zählt der südlich von Steina und nördlich von Ohorn aufragende 418 m hohe Schwedenstein, dessen Jahrhunderte alter Name ursprünglich Gickelsberg lautete. Er ist ein Touristenziel ersten Ranges in der Oberlausitz, und an schönen Sommertagen wimmelt es geradezu von Besuchern. Auf dem Schwedenstein grenzen verschiedene Gesteine aneinander. Neben Granodiorit (Osthang), Zweiglimmergranodiorit (Westhang) sehen wir kontaktmetamorphe Grauwacke, die den Großteil des Berges, vor allem in höheren Lagen, aufbaut.

Grauwacke, die Hinterlassenschaft eines Urmeeres, das vor 800 oder 600 Millionen Jahren (Wissenschaftler geben unterschiedliche Zeiten an) die gesamte Oberlausitz überdeckte, sind ähnlich dem Sandstein verkittete Senkstoffe des Meeresgrundes.

Nach dieser geologischen Orientierung befassen wir uns während des Aufstiegs mit der Namensgebung. Im »Zopf«-Schreibstil des tiefsten Feudalismus im Jahr 1754 nennt die »Accuraten geographischen Delineation derer zu dem Meißnischen Kreiße gehörigen Ämter Stolpen und Radeberg mit Lausitz« diesen Berg »Gückelsberg«. Später, 1835, bezeichnet eine Flurvermessung unser heutiges Ziel Gickelsberg, dessen Name in der Oberlausitz mehrfach vorkommt. Der Begriff ist von gickeln oder giekeln abgeleitet, stammverwandt und synonym mit gucken, ausschauen, spähen usw. Es hat aber auch schon Deutungen gegeben, wonach der Name von Kuckuck abgeleitet sein soll und der Berg demnach Kuckucksberg hieße, eine irrige Interpretation. Ebenso irrig und deshalb falsch ist aber im Grunde genommen sein jetziger offizieller Name, denn dieser ist, wie wir sehen werden, völlig unhistorisch und erst ab 1832 willkürlich gewählt.

Wie kam es dazu? Im genannten Jahr feierte der eben gegründete konfessionelle Gustav-Adolf-Verein in Pulsnitz aus Anlaß der 200-Jahr-Feier des Todestages dieses Schwedenkönigs, der die stärkste militärische Stütze der Protestanten im Dreißigjährigen Krieg war, auf dem Berggipfel. Zur Erinnerung meißelte man in einen Gesteinsblock »Gustav Adolf Rex 1632«. Viele Heimatforscher und Chronisten haben sich intensiv mit dieser fälschlichen Namensgebung befaßt, und niemals ist die Anwesenheit des Schwedenkönigs am Berg festgestellt worden. Der sehr korrekte Pulsnitzer Chronist Rektor Eckart berichtet in seinem »Liber chronicus« (»Chronikbuch«) nicht ein einziges Mal von schwedischen Drangsalen im Dreißigjährigen Krieg, wohl aber von einem Schwedeneinfall im Jahre 1706. Gewissenhaft zählt er auf, was Pulsnitz, nahe am Schwedenstein gelegen, den schwedischen Reitern an Lebensmitteln usw. opfern mußte, kein Wort aber von einem König in der Stadt, noch am Berg. Es kann sein, daß schwedische Reiter während des Nordischen Krieges am Berg weilten.

Einige Felsblöcke am Gipfel nennt man Schwedensteine, von denen die Legende sagt, daß es die Reste eines großen steinernen Tisches mit davorstehenden Steinhockern sind. Im Tisch seien Vertiefungen für Schüssel, Humpen und Flaschen, an einigen wären Ringe zum Anbinden der Pferde gewesen. Die erste schriftliche Erwähnung Schwedenstein erfolgte in der »Sächsischen Constitutionellen Zeitung« vom 3. November 1855 durch den Heimatschriftsteller Karl Winter. Die Steine, die noch heute neben dem Turm liegen, wie wir nach Erreichen des Gipfels sofort sehen, tragen die eingemeißelten Namen berühmter Oberlausitzer: Lessing (Dichter), Fichte (Philosoph), Rietschel (Bildhauer), Kühn (Gründer des ersten deutschen Landwirtschaftsinstituts) und Ziegenbalg (Missionar in Indien).

Schon Mitte des vergangenen Jahrhunderts nahmen die Bergbesucher an Zahl immer mehr zu, doch leider war die Aussicht vom Gipfel von Baumgruppen und Waldstücken stark vermindert. Auch der Aufstieg bereitete kein reines Vergnügen wegen schlechter Wegeverhältnisse. Das wurde anders, als sich der 1897 im nahen Pulsnitz gegründete »Gebirgs- und Verschönerungsverein« auch um diesen Berg kümmerte und bereits ein Jahr später, am 14. August 1898, einen 14 m hohen Aussichtsturm errichten ließ, erbaut von Baumeister Paul Johne aus Pulsnitz. Am Eröffnungsabend wurde die festliche Beleuchtung vom Kamenzer Hutberg erwidert. Noch aber waren die Besucher jedem Wetter ausgesetzt, weshalb man als Unterschlupf 1902 eine schlichte Unterkunftsstätte schuf, die wegen des ständig zunehmenden Besucherstromes 1909 zu einer einfachen Gaststätte wesentlich vergrößert wurde.

Wichtig ist der Berg auch als Wasserspender, denn das am unteren Westhang liegende ergiebige Quellengebiet versorgt die Stadt Pulsnitz und andere Orte seit 1894 mit Trinkwasser, wie Behälteranlagen zeigen.

Nach einem Gipfelrundgang und einer kleinen Rast halten wir intensive Rundschau. Ist klares Weitsichtwetter, erblickt man im Südwesten den Dresdener Fernsehturm auf den Höhen bei Wachwitz, aber auch Teile des Osterzgebirges, im Westen die Hügel der Dresdener Elbtalwanne, die Gegend der Moritzburg mit Teichen, die Domtürme zu Meißen, Stadtteile von Großenhain, sogar den Colmberg bei Oschatz, während im Norden Großteile des Nordwestlausitzer Hügellandes, Schwarzer Berg, Brandhübel, Hennersdorfer- und der Heilige Berg und der ebenso interessante Walberg zu sehen sind. Im Südosten sieht man die tschechischen Berge Jeschken und Tannenberg und die Landeskrone bei Görlitz. Wir blicken auch auf fruchtbare Fluren und hübsche Längstaldörfer, zumal die landwirtschaftlich genutzte Fläche besonders am Osthang mit einer fast einen Meter dicken Lößbodenschicht Anbau bis in etwa 380 m gestattet.

32

Nachdem wir uns am Gipfel alles angesehen und uns in der Gaststätte gestärkt haben, widmen wir uns weiteren Schönheiten. Hauptsächlich Freunde der Mineralogie werden das Hinüberwechseln zum nur einen halben Kilometer entfernten Hirschberg (415 m) begrüßen. Auf diesem Flächennaturdenkmal liegen ehemalige, nunmehr mit dichtem Gestrüpp bewachsene Steinbrüche, in denen in der gehärteten Grauwacke für die Oberlausitz leider so seltene Erzgänge eingelagert sind, u. a. Eisenspat, Schwefel-, Kupfer- und Magnetkies. Auch geringe Zinnmengen konnten hier gefunden werden. Wer noch Lust zum Weiterwandern hat, kann noch den höchsten Berg dieser Berggruppe aufsuchen, den 423 m hohen Schleißberg, zu dem wir vom vorher besuchten Hirschberg aufsteigen.

Die »Schleißen« nannte man in früherer Zeit jene Leuchtspäne aus Kiefernholz, auch Kienspäne genannt, die das abendliche Dunkel unserer Vorfahren erleuchteten. Hier oben hatte auch ein Gutsherr aus Pulsnitz ein Belvedere bauen lassen, in das 1861 ein Förster einzog, weshalb man, zunächst im Volksmund, den Berg auch Försterberg nannte.

Nicht nur in der wärmeren Jahreszeit, auch im Winter ist der Schwedenstein vielbesucht, da an seinen Hängen der Wintersport vorzüglich betrieben werden kann, weshalb schon 1954 am Osthang eine Sprungschanze gebaut wurde. Es sei auch darauf hingewiesen, daß der gesamte Schwedensteingipfel als Naturdenkmal unter staatlichem Schutz steht. Erwähnt sei noch, daß in den hiesigen Wäldern früher auch Köhler ihrer schweren Arbeit nachgingen, weshalb heute noch ein Ortsteil von Ohorn am Schleißberghang Kohlicht heißt.

An den Hängen von Schwedenstein und Schleißberg liegen die verstreuten Gickelsberg-Häuser, bei denen der alte Bergname erhalten blieb.

Zur Weihnachtszeit ist ein Besuch in Pulsnitz empfehlenswert, weil man in diesem Pfefferkuchenstädtchen so richtig auf die weihnachtlichen Aromen und Freuden eingestimmt wird.

7

DER SIBYLLENSTEIN

Mitten durch das große Luchsenburger Waldgebiet führt die Autobahn von Dresden nach Bautzen. Neben ihr steht nicht weit von Ohorn auf einer großen Wiese das Gasthaus »Luchsenburg«, der Ausgangspunkt unserer Wanderung zum Sibyllenstein (448 m), den man auch Hochstein nennt.

Am besten erreichen Motorisierte das Gasthaus, an dem weitflächige Parkplätze vorhanden sind. Das 1 400 Hektar große Waldgebiet besteht vorwiegend aus stattlichen Fichten, die fast ein Dreiviertel des Bestandes ausmachen. Auch Kiefern, Birken, Lärchen, Buchen, Eichen, Ahorn und Ulmen finden wir. Auf der anderen Seite der Autobahn beginnt am idyllischen Karauschenteich nahe Röderbrunn der Wasserlauf der Röder. Das große Waldgebiet gehörte vor 1945 fünf Rittergütern.

Ursprünglich war das Gasthaus »Luchsenburg« nur eine primitive Schutzhütte. 1750 ließ der Besitzer des acht Kilometer entfernten Rittergutes Bischheim ein Forsthaus bauen, das 1779 »Bischheimer Buschschenke« genannt wurde. Der Name beweist, daß ihm die sogenannte Schankgerechtigkeit erteilt worden war. Später erhielt dieses Forst- und Gasthaus den jetzigen Namen nach hier vorkommenden Luchsen.

Der Wald war offensichtlich nicht nur vor rund 200 Jahren Heimstatt dieser Tierart. 1973 fand ein Revierförster ein Reh, das eindeutig Bißspuren eines Luchses aufwies. In den letzten 25 Jahren sollen wiederholt Luchse gesehen worden sein. Das Wild fühlt sich rund um »Luchsenburg« und Sibyllenstein besonders wohl. Ab 1976 setzten Forstleute Muffelwild und ein Jahr zuvor fast 1 000 Fasane aus. Auch Fuchs, Marder, Wildschwein und Dachs sind hier zu Hause.

Wir nehmen in der Waldgaststätte einen kleinen Imbiß ein und gehen dann an dem forsteigenen Zweifamilienhaus, in dem der Revierförster wohnt, sowie an mehreren Holzhäuschen eines Kinderferienlagers vorbei nordöstlich in den Wald.

Zunächst kommen wir durch Fichtenbestand. Später mehren sich Laubbäume, bis wir an den Granitfelsen des Sibyllensteins schließlich Mischwald finden. Wir sind von der Gaststätte bis hierher eine knappe halbe Stunde gemächlich gelaufen.

Schon im vergangenen Jahrhundert wurde dieser Berg zu den hervorragenden Aussichtspunkten der Oberlausitz gezählt. Sibyllenstein ist der Gipfel des Hohberges (im Volksmund Hubrig). Er hängt mit dem Nebengipfel Hundstein (Hohenstein) zusammen. So steht es in einem Lexikon aus dem Jahre 1833. Diese Buchauskunft verwirrt, doch zunächst lockt uns der Aufstieg. Wir brauchen nicht über Felsbrocken zu klettern, sondern steigen auf eingehauenen Treppen zu den etwa sechs bis acht Meter hohen Gipfelklippen aus Granit hinauf. Die Steintreppen sind am Ende des 18. Jahrhunderts eingehauen worden.

Nun schauen wir umher. Nach Norden und Osten ist die Aussicht nicht besonders ergiebig, dafür aber in südlicher und westlicher Richtung. Iser-, Riesen- und Osterzgebirge sind ebenso am Horizont zu sehen wie die Sächsische Schweiz.

Auf der obersten Felsplatte befinden sich drei kesselartige Vertiefungen, die von unseren Vorfahren als »des Teufels Hohlmaße« gedeutet wurden. Durch sie hätte der Teufel überprüft, ob Müller, Kaufleute und andere Verkäufer das rechte Maß angewendet und nicht betrogen haben. Die Wirklichkeit ist prosaischer: Die kleinen Kessel sind Verwitterungsformen. Sie sollen auch Kulthandlungen gedient haben.

Früher hieß der Berg Der große Stein, Der hohe Stein,

Hohnstein, Hohenstein, Hundstein, Haynstein, Sibinnenstein und schließlich Sibyllenstein. Wir sehen, wie unterschiedlich er im Zeitenwechsel bezeichnet wurde. Besonders die zwei zuletzt genannten Namen gaben im 19. Jahrhundert Anlaß zu gelehrten Phantastereien.

Ein Forscher hat in der ersten Hälfte des 19. Jahrhunderts den Bergnamen von einem Volk der Sibinnen abgeleitet, später meinte er, der Name stamme von der altslawischen Göttin Siba oder Siwa. Ein anderer wollte den Namen aus einer nordischen Sage (»die weiße Frau Sibil«) entlehnen. Die Wahrheit ist jünger und sachlicher. Ende des 18. Jahrhunderts ließ der Elstraer Herrschaftsbesitzer, ein Herr von Ponickau, die Felsen durch Treppen und Geländer zugänglich machen. Dann wollte er seiner Frau oder Tochter, das ist noch nicht geklärt, eine Freude machen und benutzte ihren Vornamen als Bergbezeichnung.

In dem Dorf Prietitz fand sich auf dem Friedhof wirklich ein Grabstein, der von einer »Sibylla E. Gräfin von Eckstädt aus dem Hause Ponickau« kündet, welche mit 47 Jahren 1793 in Dresden gestorben ist. Die Mehrzahl früherer Autoren schwor darauf, daß der Sibyllenstein eine heidnische Opferstätte gewesen ist, ohne das jedoch beweisen zu können.

Im Nordosten der Kuppe des Sibyllensteins entspringt in 320 Meter über Normalnull die Schwarze Elster, die nach 188 Kilometern in die Elbe mündet. Dieses Flüßchen wurde schon frühzeitig, 1014 und 1241, als »Elistram nigram« und als »trans Alestram« erwähnt. Vor Tausenden von Jahren, in der Jungsteinzeit, haben sich hier bereits Menschen aufgehalten. 1885 wurde im Jagen 6 des Waldes, vom Gipfel in westlicher Richtung, ein Steinbeil gefunden. Auch die 1933/34 nördlich der Gaststätte gefundenen zwei Steinäxte stammen eindeutig aus der Jungsteinzeit. 1935 wurde etwa 1 300 Meter vom Gasthaus entfernt ein Grab aus der Bronzezeit mit Buckelurnen entdeckt.

Nachdem wir noch einen weiten Blick bis zum Colmberg bei Oschatz geworfen haben, verlassen wir die hohen Felsen.

36

Wer Zeit hat, kann den nördlich vom Sibyllenstein gelegenen Ohorner Steinberg (432 m) aufsuchen, immer durch Wald marschierend. Bald kommt man an sogenannte Blockmeere, die freilich flächenmäßig nicht so groß wie die am Sibyllenstein sind. Den Steinberggipfel krönen ebenfalls Klippen. Eine etwa drei Meter hohe heißt Dreiherrenstein, weil hier einst drei Gutsgebiete zusammenstießen.

8

DER BUTTERBERG
Butrowa hora

In der Oberlausitz gibt es mehrere Butterberge. Der bei Bischofswerda bietet neben dem Valtenberg die schönste Aussicht über die Westlausitz. Am nördlichen Stadtrand beginnt gegenüber vom Krankenhaus der Klengelweg, so genannt nach einem früheren Bürgermeister. Wer zu Fuß auf den Butterberg (385 m) will, kann hier auf dem Parkplatz das Fahrzeug verlassen. Man kann aber auch neben der Bergbaude das Fahrzeug abstellen.

Am Klengelweg beginnt hinter dem letzten Haus eine lange Lindenallee. Auf ihrer linken Seite stehen noch alte Bäume, auf der rechten jüngere. Nordwestlich sehen wir Geißmannsdorf.

Der Ort ist schon 1226 als »Giselbrechtisdorf« nach seinem Lokator Giselbrecht schriftlich erwähnt. Dann streifen wir Pickau, das 1384 erstmals als Pichow erwähnt wurde, als Ort eines Pych.

Nach etwa 15 Minuten kommen wir zu einer erhöhten Raststätte mit Bänken namens »Klengels Ruh«. Bald senkt sich die Straße, und wir erreichen den Waldrand. Links liegt ein weiterer Parkplatz. Auf asphaltierter Straße steigen wir den Berg hinauf.

Bis in das 19. Jahrhundert hinein war der Butterberg bei Bischofswerda fast unbewaldet und diente als Weide für Schafe und Ziegen. 1544 hatte ihn die Stadt gekauft. 1835 wurde er aufgeforstet. Fichten und Kiefern dominieren, aber auch Lärchen sehen wir. Auf dreiviertel Berghöhe, an einer Weggabelung, halten wir uns halblinks und sehen schon Bergturm und -baude. Vom Klengelweg bis zum Gipfel

38

braucht man etwa 35 bis 45 Minuten, so daß auch weniger Rüstige gemächlich das Ziel erreichen.

Bevor wir in die rustikalen Gasträume eintreten, machen wir einen kleinen Gipfelrundgang. Für Kinder steht nördlich vom Bergturm auf einer Wiese ein Karussell. Nur rund 300 m nordwestlich liegen die Katzensteine, zwei Felsgruppen, die wie der gesamte Butterberg aus Zweiglimmergranodiorit bestehen. Sie sind 3,50 m hoch, aber 20 m lang. Im Sommer können wir neben der Gaststätte unter alten Bäumen auf einer Terrasse Platz nehmen.

1858 befaßte sich der Bischofswerdaer Stadtrat mit dem Projekt, auf dem Berg einen Aussichtsturm mit Gaststätte zu errichten. Lange war nicht geklärt, woher die Mittel kommen sollten, doch 1859 begann der Turm- und Kellerbau, ebenso das Graben eines Brunnens. Der Maurermeister Carl August Frenzel erhielt den Auftrag, weil er 2 943 Taler, 14 Neugroschen und 5 Pfennige kalkuliert hatte, ein anderer Meister aber 3 034 Taler und 17 Neugroschen. Die Arbeit war schwer. Das harte Gestein mußte gesprengt werden.

Zu dieser Zeit veröffentlichte die Zeitung »Sächsischer Erzähler« einen erwartungsvollen Artikel, in dem es hieß, daß der Butterbergturm, damals »Schauturm« genannt, »ein starker Rivale des Valtenbergturmes sowohl wegen seiner sehr bequemen Besteigung als aber auch herrlicher Fernsicht werden wird«. Das bewahrheitete sich. Schon während der Bauarbeiten hatte sich der erste Bergwirt, Carl Gottlieb Wobst, der vom Valtenberg kam, etabliert. Er beköstigte die Bauarbeiter und andere Handwerker, aber auch Bergbesucher. Im Winter darauf ruhte die Arbeit. In den Amtsstuben des Rathauses aber tobte wegen Einzelfragen der Kampf zwischen Stadtrat, Stadtverordneten und der sogenannten Baudeputation.

Endlich war der Bau am 12. August 1860 beendet. Manche Enthusiasten konnten nicht warten, bis der Bergturm geöffnet wurde. Sie kletterten schon auf dem Baugerüst und auf Leitern zur Turmspitze. Der Turm ist 21 Meter hoch. Von seiner Krone erblickt man Hoyerswerda, die Gegend um

Schwarzkollm, das Kraftwerk Boxberg, Berge des Zittauer Gebirges, den Jeschken, die Tafelfichte im Isergebirge, auch Teile der Sächsischen Schweiz sowie des Osterzgebirges, Geisingberg und Mückentürmchen. Bei den Aussichten vom Turm kann man sich orientieren, weil Platten die Namen und die Richtungen angeben.

Über den Butterberg führen viele Wanderwege, die allesamt vorbildlich markiert sind, unter anderen der Nördliche Kammweg vom Keulenberg bei Königsbrück bis zur Landeskrone bei Görlitz. Ein anderer Wanderweg erstreckt sich vom Kamenzer Hutberg bis zum Hochwald im Zittauer Gebirge. Um und über den Berg läuft eine zwei Kilometer lange Meilenstrecke, die mit einem grünen Punkt ausgeschildert ist.

Den Namen des Butterberges bei Bischofswerda leiten manche von dem altdeutschen Begriff »beunt« ab, was eingefriedetes Privatgrundstück und nicht zur Gemeinde gehörig bedeutet. Daraus sei später Botterberg und schließlich Butterberg geworden. Andere wiederum weisen auf den heidnischen sorbischen Gott »Jutrow« hin. Über »Butro« sei der Name Butterberg entstanden.

Zäh hält sich die Legende, die in mittelalterlichen Pestjahren entstand. In einem Jahr starben in Bischofswerda von 1 000 Einwohnern 600. Da hat man auf dem Berg Wasserwannen aufgestellt, in die das Geld zum Kauf von Butter, die Bauern der umliegenden Orte brachten, geworfen wurde. Die Bauern haben die Münzen mit Rutenbesen gewaschen, bevor sie sie herausnahmen, damit niemand von der Pest angesteckt werde. Mit langen Stangen wurden dann eingewickelte Butterstücke den Käufern zugeschoben, so daß jeder körperliche Kontakt unterblieb. Beweise, wie der Bergname entstand, gibt es streng wissenschaftlich gesehen nicht. Im 13. Jahrhundert hieß der Butterberg jedoch Weißer Stein, was chronikalisch verbürgt ist.

Wie der Stadtname Bischofswerda sagt, gehörte das Land ringsum einst dem Bischof von Meißen. Neben dem Stadtwappen mit zwei gekreuzten bischöflichen Krummstäben erinnert ein alter Grenzstein am Berg mit der eingemeißelten

Jahreszahl 1773 daran. Ein anderes Steinkreuz kündet davon, daß ein Burkauer Einwohner seinen Taufpaten getötet haben soll, wie ein eingemeißelter Dolch zeigt.

Während der Butterberg von Süden allmählich ansteigt, können Rüstigere den östlichen steilen Anstieg aus Richtung Burkau wählen. Oft wird der Berg aufgesucht, um Verwandten und Bekannten die Schönheiten der Oberlausitzer Landschaft zu zeigen, zumal das Rammenauer Barockschloß (Kreismuseum, Fichte-Gedenkstätte, Spiegelsaal und kultivierte Gaststätte) nicht weit entfernt liegt. Wem noch Zeit bleibt, der kann den Nachbarberg, den Scherfling (368 m), besuchen.

9

DER HUSSITENBERG

In der fruchtbarsten Landschaft der Oberlausitz, nordwestlich zwischen Bloaschütz und Döberkitz, liegt der Hussitenberg (243 m). Wir fahren bis zur »Töpferschenke« Bloaschütz an der Kamenzer Straße. Der alte Straßengasthof wird im Volksmund »Tippelschenke« genannt. Hier zog einst die transkontinentale älteste Straße der Oberlausitz, die »via regia« und spätere Hohe Straße, vorbei, bevor sie über Salzenforst nach Bautzen führte.

Das Alter dieser Schenke weiß niemand mehr. Bekannt ist nur, daß sie durch das Nachlassen des Verkehrs wegen dem Bau der jetzigen Bundesstraße 6 zeitweilig, um 1800, als Försterei genutzt wurde. Als aber später, 1840/41, die Kamenzer Straße zur Chaussee wurde, war wieder Schankbetrieb. Töpfer aus Kamenz, Elstra und Pulsnitz machten mit ihren Planwagen hier Station auf der Fahrt zu Bautzens Jahr- und Wochenmärkten. Die Töpfer des Oberlandes wiederum kehrten ein, wenn sie aus den erstklassigen Tonlagern von Thonberg bei Kamenz Rohmaterial holten. Das jetzige Aussehen der »Töpferschenke« stammt von 1842.

Ein kurzes Stück zurückgehend, schwenken wir nun rechts in den Ort Bloaschütz ein, der teilweise auf eiszeitlichen Schottern liegt und deshalb jahrhundertelang Schwierigkeiten mit dem Wasser hatte. Es gab nur eine Pumpe und zwei Brunnen. Erstmals 1296 als Bloschwicz erwähnt, hieß er von 1738 bis 1884 Haberdörfel, bis er vor über 100 Jahren wieder seinen alten Namen erhielt. Zum Unterschied von Neubloaschütz, das an der um 1820 gebauten B 6 liegt, nennt man den Ort auch Altbloaschütz.

Westlich senkt sich die Straße allmählich. Rechts liegt ein kleiner Höhenzug, Ausläufer des Chorberges bei Salzenforst, dann eine Sandgrube. Ziemlich steil aus dem Döberkitzer Tal ragt der Hussitenberg mit Hochwald aus Eichen, Birken und Kiefern. Am westlichen Waldrand steigen wir aufwärts durch hohes Binsengras und niedriges Brombeergesträuch, kommen an einer Wildfutterstelle vorbei und sehen zahlreiche Grashügel, die wie große Maulwurfshügel anmuten.

Wir stehen vor dem größten und am besten erhaltenen Hügelgräberfeld der Oberlausitz. Wir zählen noch etwa 40 Hügel. 1805 sollen es rund 100 gewesen sein. Um 1925/1928 waren es noch 55. Sie messen drei bis zehn Meter im Durchmesser und sind etwa 1,50 Meter hoch. Jahrtausende haben sie nur wenig verändert. Dieses prähistorische Gräberfeld hat frühzeitig das Interesse der Heimatforscher erregt. Schon in der allerältesten frühgeschichtlichen Literatur wird darüber berichtet, so von Kreusler (1823), Preusker (1827), Moschkau (1876 und 1885) und Professor Feyerabend.

Auch die Bautzener Geschichtsforscher Wilhelm, Dr. Needon (1903) und Dr. Walter Frenzel (1928) haben sich mit dem Hügelgräberfeld auf dem Hussitenberg beschäftigt. Der erste Ausgräber war 1830/31 Oberpfarrer Räde aus Göda.

Erst 70 Jahre später wurde dort erneut gegraben, und zwar von der »Gesellschaft für Anthropologie und Urgeschichte der Oberlausitz«, die hier 1903 bis 1904 sowie 1920 forschte. Der rührige Bautzener Dr. Walter Frenzel grub 1925 und 1928 und schuf die allererste Aufmessung.

Leider gab es auch »Ausgräber«, die im Hügelgräberfeld nach Schätzen suchten, natürlich kein Gold und andere Werte fanden, aber der Wissenschaft großen Schaden zufügten. Etwa 15 Hügelgräber wurden sinnlos durchwühlt, »ausgekesselt«, wie der Prähistoriker sagt. Hinzu kam, daß 1946/47 hier Bäume gefällt und Baumstubben gerodet wurden. Wilde Kaninchen haben durch Auswühlen von Wohnhöhlen ebenfalls manches zerstört.

Wie alt sind diese Hügelgräber? In der frühen Literatur

werden Berg und Wald als »Weihestätte«, als »Heiliger Hain« bezeichnet. Die Ortsfluren von Bloaschütz, eingeschlossen die Landflächen gegen Döberkitz, bargen Funde von der Jungsteinzeit (etwa 2 000 v. Chr.) bis zur spätslawischen Zeit (um 1 200 n. Chr.)

In diesen 3 200 Jahren sind die Hügelgräber entstanden. Entsprechend den langen Zeiträumen, in denen sich Sitten und Gebräuche vielfach änderten, sind die Gräber unterschiedlich.

Man fand Brandgräber mit Urnen, slawische Gräber mit Skeletten, auch solche aus slawischer Zeit, in der der Tote verbrannt wurde (Leichenbrandschicht). Es gibt Hügelgräber mit oder ohne Steinsetzung. In manchen Hügeln lagen Scherben bzw. Gefäße, in anderen nicht. Auf einem Hügel soll eine Steinsäule, ein sogenannter »Menhir«, gestanden haben, der allmählich in den Hügel gesunken war und von den Forschern »Baba« genannt wurde. Sein Verbleib ist nicht bekannt. Ein Grab barg sogar die Schädeldecke und den Rückenwirbel eines Menschen. Man fand ferner Lanzenspitzen, ein messerartiges Stück Eisen, Holzkohle und einen Netzsenker (durchbohrter Feuerstein).

Fest steht, daß der Hussitenberg eine uralte Siedlungs- und Grabstelle ist. Da auch eine jungsteinzeitliche Feuersteinschlagstätte gefunden wurde, ist das prähistorische Alter bewiesen. Bronzezeitliche und bronzeeisenzeitliche Scherben (1 000−500 v. Chr.) schließen sich an. Spätere Funde stammen aus der mittel- und spätslawischen Zeit (800 bis 1 200 n. Chr.). Hier liegt also nicht nur der älteste Friedhof des Kreises Bautzen, sondern zugleich der Vorfahren der Sorben.

Bis vor 90 Jahren lag auf dem Hussitenberg ein vorgeschichtliches Rätsel, der sogenannte Schalenstein. Er wurde an der Nordostecke des Hügelgräberfeldes gefunden. Etwa 90 Zentimeter lang, weist er 13 ausgehauene Näpfchen und drei eingemeißelte Kreuze auf. Noch ist nicht restlos geklärt, wozu die Näpfchen dienten. Nach der Meinung des schwedischen Forschers Almgreen, der andere Schalensteine untersucht hat, wurden auf solchen Steinen jedes Jahr im Frühling Fruchtbarkeitsopfer in freier Feldflur dargebracht. Nach der Christianisierung unserer Gegend sind wahrscheinlich die drei Kreuze eingemeißelt worden. So wollte man den heidnischen Brauch löschen und ihn im christlichen Sinne deuten. Um den Opferstein zu schützen, brachte man ihn in das Bautzener Stadtmuseum.

Woher stammt der Name Hussitenberg? Auf der danebenliegenden »via regia« marschierten wahrscheinlich die Hussiten, als sie 1429 nach Kamenz und zurück nach Bautzen zogen. Es kann auch sein, daß sie auf dem Berg lagerten. Hussitengräber jedoch gibt es dort nicht. Heute nimmt man an, daß der Name aus dem Volksmund stammt, der oftmals Hügel als Hussitenberge oder Schwedenschanzen bezeichnete, weil man vom historischen Charakter dieser Stellen in der wissenschaftsarmen Zeit keine Ahnung hatte.

Wer Zeit hat, kann über Döberkitz nach Göda wandern, durch die fruchtbare Landschaft, die Bodenwertzahlen zwischen 60 und 80 aufweist. Sonst kehren wir nach Bloaschütz zur Busstation oder zum Kraftfahrzeug zurück.

10

DER CHORBERG

Wer fast die halbe Oberlausitz übersehen will, braucht dazu keine Verkehrsmittel, sondern er geht von Bautzen aus in Richtung Salzenforst auf den nur vier Kilometer entfernten Chorberg (267 m). Diese Bergwanderung ist auch nach nassem Wetter zu empfehlen, weil eine asphaltierte Straße uns rasch ausschreiten läßt.

Hinter den Schranken der Eisenbahnstrecke Kleinwelka-Bautzen erhöhen wir am Bergfuß unsere Aufmerksamkeit. Wir sehen linker Hand den Friedhof des Pflegeheimes, auf dem einer der verdienstvollsten Stadtgeschichtsforscher, Prof. Dr. H. Baumgärtel (1852–1916), begraben liegt. Kurz dahinter, wieder links, steht ein kleines Feldgehölz.

Von dort bis fast nach Bloaschütz ist parallel zur Autobahn noch ein Teil der uralten »via regia«, später Hohe Straße, vorhanden. Diese längste euroasiatische Verbindung begann einst in Südspanien, verlief durch Frankreich, kam nach Erfurt, Leipzig und in die Oberlausitz, erreichte schließlich ukrainische Städte und führte dann quer durch China bis ans Gelbe Meer.

Wir kommen an großen Besenginsterflächen vorbei und stoßen nach einer Straßenbiegung auf eine alte Pappelallee, eine Landmarke, die man im umliegenden Gefilde weit sehen kann. Rechter Hand erblicken wir große Aufbereitungsanlagen, Kessel, Silos und ein Verwaltungsgebäude der Straßen- und Tiefbau GmbH Löbau. Dort werden Bitumenmischungen hergestellt. Für viele Neubauten Bautzens und der Umgebung kamen in den letzten Jahren Kies und Bausand vom Chorberg. An den turmhohen Wänden der zwei Sandgruben kann man die schichtenweise Bänderung ausgezeichnet erkennen.

Trauer erfaßt uns, wenn wir an die rechts liegende Gedenkstätte kommen. Am 12. Februar 1945 wurde eine schon damals stillgelegte kleine Sandgrube Stätte eines grauenvollen Massenmordes. Hier erschossen SS-Schergen Frauen aus dem KZ Auschwitz.

1949 wurde eine würdige Gedenkstätte geschaffen, auf der steht: »Hier ruhen 43 jüdische Frauen aus Deutschland, Ungarn, Polen und der Tschechoslowakei. Sie wurden im Februar 1945 auf dem Wege von Auschwitz nach Buchenwald von SS-Horden ermordet«.

Schon stehen wir am hohen Triangulationspunkt, wo sich die Straße gabelt. Neben einem einzeln stehenden Haus wurde ein von Hecken umfriedeter Übungsplatz für Gebrauchshunde gestaltet. Wir verlassen nach rechts die steil hinabführende Straße ins Dorf, bleiben auf der Höhe und erfreuen uns alsbald an den vielen Neubauten, die an der Südwestseite des Chorberges in den letzten Jahren entstanden sind. Diese schmucken Einfamilienhäuser haben Salzenforst doppelt so groß werden lassen. Dann kommen wir an eine Straßenspinne, an der ein Gebetkreuz steht. Die hier stehenden, ebenfalls schön hergerichteten Häuser, bilden den Ortsteil Alt-Salzenforst.

Zwischen einer kleinen Wiese und dem Buschrand steigen wir nun zum Gipfel, und bald ist das 1841 errichtete Gipfelkreuz erreicht. Das Lausitzer Bergland im Süden steht wie eine Riesenwand. Weit geht der Blick nach Norden über das Heideland. Nach Westen sieht man die Berge bei Bischofswerda, im Osten den Strohmberg, den Rotstein. Kein Wunder, daß der erfolgreiche Prähistoriker Dr. Walter Frenzel (1892–1941) sehr gern hier oben weilte und deshalb auch den kleinen, westlich des Berges liegenden Friedhof zu seiner letzten Ruhestätte wählte.

Während der Gipfelrast denken wir über Entstehung und Namen des Chorberges nach. Er ist ein Produkt der Eiszeit, eine riesige Endmoräne, über deren Alter sich die Wissen-

schaftler noch nicht einig sind. Manche ordnen sie der Elster-Eiszeit zu, andere der Saale-Eiszeit. Der Sand, der hier
zum Berge wurde, lag einst viel nördlicher, manche Schichten stammen sogar aus dem Bett eines alten Elbelaufes, der
nördlich des Kreises Bautzen floß. Eis und Schmelzwasser
haben den Sand südwärts transportiert. Der Prähistoriker
Schmidt aus Bautzen, an den sich sicherlich noch viele
Bautzener wegen seiner jahrzehntelangen Ausgrabungen auf
dem Schafberg erinnern können, hat hier oben auch mehrere
Fossilien geborgen. Der Name des Berges hat nichts mit
Chorsingen oder Chorälen zu tun, sondern er ist eine Ein-
deutschung des sorbischen Namens »tchór«, dies bedeutet
aber Iltis. So heißt der Berg eigentlich Iltisberg. Oft wird er
wegen des Gipfelkreuzes auch Kreuzberg genannt.

Ostwärts nach unten gehend, sehen wir wieder schmucke
Häuser, vor allem aber das Teilwasserwerk mit Hochbehäl-
tern der Ringwasserleitung Sdier, von wo weite Teile der
Oberlausitz das kostbare Naß bekommen. Zu Salzenforst
wäre noch zu sagen, daß hier am Fuße des Chorberges der
Dichter der sorbischen Nationalhymne »Rjana Łužica«
(»Schöne Lausitz«), Andreas Seiler (Handrij Zejler,
1804–1876), geboren wurde. An seinem Geburtshaus gegenüber der Gaststätte und dem Gemeindeamt befindet sich
eine Gedenktafel. Aus Salzenforst stammt auch der bedeu-
tende sorbische Bildhauer Jakub Delenka (1695–1763). Vom
Wasserwerk gehen wir zum Triangulierungsmast zurück und
erreichen wieder die Straße nach Bautzen. Für diese Bergwanderung empfiehlt es sich unbedingt, ein Fernglas mitzu-
nehmen.

11

DER PROTSCHENBERG
Hrodźiško

Die wahrscheinlich älteste Bautzener Siedlungsstätte ist der Protschenberg. Neben dem ehemaligen Stockhaus, Seidauer Straße 15, an dem wir noch die Prangerketten der früheren Richtstätte sehen, steigen wir die Steintreppen empor. Ungefähr 20 Meter hoch sind die Felsklippen, die unmittelbar aus der Spree oder aus ihrem Tal emporragen. Den Umlaufberg, wie diese Höhe genannt wird, umfließt die Spree von drei Seiten, vom Süden, Osten und Norden. Wir gehen auf dem Felssporn westwärts.

Hinter dem Friedhof sehen wir wallartige Erhöhungen, ebenso an der Nordseite in der Nähe der Fichteschule. Hier erhob sich einst in der jüngeren Bronzezeit ein Burgwall, der zu den ältesten der Oberlausitz zählt und etwa 250 mal 150 Meter Fläche einnahm. Zwischen 1903 und 1917 wurde hier gegraben, zuletzt im Gelände der Wochenendhäuser durch das Landesmuseum für Vorgeschichte Dresden von Juli bis Oktober 1960. Dabei stieß man unter einer 20 cm tiefen Humusdecke auf eine bis 60 cm tiefe Schicht von Granodioritbrocken oder -grus und noch tiefer auf gewachsenen Fels. Gefunden wurden Siedlungsgruben und Gräber. Einige Gruben waren mit Steinen ausgelegt. Man fand Terrinen, Terrinen- und Schalenrandstücke, ein Siebgefäß, das Bruchstück eines Bronzearmringes, Keramikscherben mit Fingernägeleindrücken, einen trapezförmigen Löffel sowie Tassen. In mehreren Gruben befand sich Holzkohle. In etwa 30 cm Tiefe barg man ein weibliches Skelett in Rückenlage, wobei der Kopf im Westen mit dem Gesicht nach Osten lag.

Außerdem fand man in flachen Siedlungsgruben spätslawische Keramikscherben. Sie erhärteten die Vermutung, daß zur spätslawischen Zeit der Ortenburg-Felsen wichtiger geworden war als der Protschenberg in der jungen Bronzezeit. Vermutlich war damals schon die slawische Keimzelle der Stadt vorhanden. Frühdeutsche und mittelalterliche Metall- und Geschirreste beweisen, daß der Protschenberg mehrere Jahrtausende besiedelt war. Die Wälle hatten den Siedlungsplatz nach der Nord- und Westseite zu schützen, während im Süden und Osten über den Spree-Steilhängen nur niedrigere Palisaden gebaut wurden.

1766 suchte man mit einer Wünschelrute nach Schätzen. Viele vorgeschichtliche Belege wurden zerstört, als 1790 der Friedhof zugelegt wurde. Um diese Zeit, noch bis 1830, bargen Seidauer Bauern Unmengen von Holzkohle. Diese Quer- und Längshölzer geschichteter Balken bewiesen, daß der Siedlungs- und Verteidigungsplatz durch Feuer zerstört wurde.

Woher stammt der Name des Protschenberges? Die Hohe Straße überquerte an der jetzigen Hammermühle die Spree. Da Furt auf sorbisch »brod« heißt, ist der Name von Furtberg abzuleiten. Allerdings lautet der jetzige sorbische Name »Hrodźiško«, vermutlich sich auf einen Burgwall beziehend. Das lange Zeit gebräuchliche »i« in Proitschenberg ist weiter nichts als ein früher in der deutschen Sprache oft angewendetes Dehnungszeichen, wie wir es auch in dem Wort Voigtland antreffen. Die erste schriftliche Festlegung des Namens (1585) lautet Procczchenberg.

Das Wäldchen am Hang besteht aus Winterlinden, Spitzahorn, Bergahorn, Holunder und Hasel, mancher Stamm ist von dichtem Efeu umrankt, während auf den nackten Felsen in Fugen Wildrosen wachsen. Der Rat der Stadt kaufte 1932 den bewaldeten Hang.

Auf dem Friedhof können wir am ältesten Grabdenkmal, einer gebrochenen Säule, ablesen, daß es früher eine Ober- und Unterseidau gab. Hier haben bekannte Bautzener, so der sorbische Patriot, Wissenschaftler und Verleger Jan Arnošt Smoler (1816–1884), ihre letzte Ruhestätte.

12

DER SCHAFBERG
Wowča hora

Für den Weg auf den am Stadtrand von Bautzen liegenden Schafberg (202 m) ist der Gasthof Nadelwitz Ausgangspunkt. Ein Nachmittag reicht als Wanderzeit. Der Name des Berges ist klar: Die sandige Flur wurde zum Schafehüten genutzt.

Etwa 100 Meter östlich auf der Weißenberger Straße biegen wir hinter dem einzeln stehenden Haus links ein und kommen aufwärts an einem ehemaligen Neubauernhaus und einer Reihe Garagen vorbei. Jahrzehnte lag hier die Ratssandgrube. Im Winter wurden Tonnen von Streusand abgefahren.

Nun richten wir unsere Schritte nördlich zum Waldrand und überschreiten ein großes Areal, das für die Vorgeschichtsforschung bedeutsam war. Schon vor dem zweiten Weltkrieg wurden hier Einzelfunde registriert. Als man im Frühjahr 1945 Schützengräben aushob, kamen ebenfalls prähistorische Funde zutage. Doch niemand barg sie, viele wurden zerstört.

1950 fing das Landesmuseum für Vorgeschichte Dresden systematisch zu graben an, und 1961 begann die Schaffensperiode des vielen bekannten Erich Schmidt, der sich vorher an anderen Stellen autodidaktisch vom Tischler zum zuverlässigen Ausgräber qualifiziert hatte. Als Bodendenkmalpfleger des Kreises hat er auf den sandigen Freiflächen des Schafberges in rund 20 Jahren 2 000 Gräber von der Jungstein- bis zur Bronze-Eisenzeit geborgen. In manchen lagen bis zu 50 Beigaben.

In seiner Hütte auf dem Schafberg hatte Erich Schmidt viele Funde aufbewahrt und den zahlreichen Besuchern, dar-

51

unter Studentengruppen aus dem In- und Ausland, wissenschaftlich erklärt. Ihm war es gelungen, sogar Lebensmittelreste, so Fladenbrot, eine Art Nudeln und andere Erzeugnisse aus Getreide, nachzuweisen. Ebenso fand er Bernsteinperlen sowie Bronzegegenstände.

Zwei Jahrzehnte forschte er nach den Wohnstätten, aus denen die hier Bestatteten stammen mußten, doch bislang konnte ihre Siedlung nicht gefunden werden. Über Erich Schmidt und seine Ausgrabungen hat die Schriftstellerin Tine Schulze-Gerlach das Buch »Der Hügel vor der Stadt« geschrieben. Am Schafberg lag, das haben die Ausgrabungen bewiesen, genau so eine Nekropole (Totenstadt) wie unweit auf den Burker Höhen.

Wir gehen am Waldrand entlang. Wo der Weg sich nach links wendet und einige alte Bäume stehen, sehen wir ein seltenes Denkmal. Auf einem flachen Hügel steht ein großer Felsblock, auf dessen Vorderseite die Worte »Hügelgrab der Jungsteinzeit 3000–1800 v. d. Z.« eingemeißelt sind.

Vor 4000 bis 5000 Jahren wurde hier ein Anführer, wahrscheinlich ein Stammeshäuptling der umliegenden Ansiedlungen, bestattet. Seine Grabstätte ist bis heute erhalten geblieben.

Dieser Gedenkstein wurde am 2. Juni 1957 mit einer Rede des damaligen Nestors der Bautzener Geschichtsforscher, Oberstudiendirektor Paul Bruger, der Öffentlichkeit übergeben. Er erklärte dabei, daß aus dem Hügelgrab zwei schnurverzierte Becher und ein geschliffenes Feuersteinbeil geborgen wurden. Der Gedenkstein stammt vom Platz des Friedens in Bautzen.

Wir spazieren weiter und kommen zu einer nach Niederkaina zu liegenden Sandgrube. Daneben am Waldrand stehen wir wieder vor einer historischen Stätte, dem Napoleonplatz. Am Vormittag des 21. Mai 1813 beobachtete hier Napoleon, auf einer Trommel sitzend, den Schlachtverlauf. Der deutsche Adlige Otto von Odeleben, der zum Gefolge des französischen Kaisers gehörte, hat in einer 1817 veröffentlichten Schrift darüber berichtet.

Nach Osten haben wir eine weite Sicht. In Niederkaina erblicken wir viele Neubauten, sowohl Wohnstätten als auch landwirtschaftliche Gebäude. Schon 1222 wurde der Ort als Kyna, abgeleitet vom altsorbischen »kyjina«, was Stöckicht bedeutet, erstmals erwähnt. Hier ist uraltes Siedelland. Beim Anblick des Milchviehkombinates erinnern wir uns an Professor Julius Kühn, einen gebürtigen Pulsnitzer, der von 1825 bis 1910 lebte. Dieser erste wissenschaftlich arbeitende Landwirt der Oberlausitz war auch hier tätig und begründete später das Landwirtschaftliche Institut der Martin-Luther-Universität Halle.

Jetzt beginnt ein steiler Abstieg, der uns zu den Uferwiesen zwischen Schafberg und Albrechtsbach bringt. Der Weg, Richtung Südwest, führt uns zu zwei einsamen Häuschen. Hier denken wir über ein bisher ungeklärtes historisches Rätsel nach. Auf den vor uns liegenden Flächen sollen vor Jahrhunderten ein Königshof, eine Königswiese und ein Königsteich gelegen haben. 1185 wurde ein Verzeichnis der Güter des römischen Königs, wie die deutschen Herrscher sich damals nannten, aufgeschrieben, in dem auch »Budesin« genannt wird. Wenige Jahre später, 1284, sind in domstiftlichen Aufzeichnungen Angaben darüber enthalten. Die erstgenannten Verzeichnisse sollten den auswärtigen Besitz des Königs Heinrich VI. erfassen. Bisher konnte er nicht genau lokalisiert werden.

Nun kommen wir an eine der vielen Kleingartenanlagen Bautzens. Im Tal des Albrechtsbaches sind hier in den letzten Jahren zahlreiche Kleingärten und Wochendhäuser entstanden. Auf dem kiesbestreuten Mittelweg nähern wir uns Nadelwitz. Kurz vor dem Ort müssen wir rechts hinaufsteigen und kommen durch ein Gartentürchen auf die Straße. Am nördlichen Ortsende steht rechts ein Pavillon des ehemaligen Rittergutes, links unten liegt ein Teich. Im Pavillon arbeitet die unabhängige Vereinigung »Nadelwitz KREATIV e. V.«, der auch Bautzener bildende Künstler angehören. Im Pavillongarten stehen eine Edelkastanie und zwei Schotenbäume.

Der Ort hieß 1280 Nadilicz, was »Siedlung auf der Berg-lehne« bedeutet. Die Feudalherrschaft im Ort währte nicht lange; denn schon zu Beginn des 17. Jahrhunderts kam er in den Besitz Bautzener Bürger.

Nadelwitz, einst ein Bautzener Ratsdorf, wurde während der Schlacht um Bautzen 1813 fast ganz vernichtet. Wenn wir nach rechts schauen, erblicken wir das neue Nadelwitz, Einfamilienhäuser auf der Fläche, auf der vor Jahren Kirsch-bäume standen. Neue Straßen führen in die Siedlung.

In wenigen Minuten sind wir wieder auf der Weißenberger Straße, einem Teil der uralten Hohen Straße. Die Gaststätte Nadelwitz ist aus einer 1745 errichteten Straßenschenke her-vorgegangen. Das jetzige Haus mit Walmteilen am Dach stammt aus der Mitte des vergangenen Jahrhunderts.

DER KLOSTERBERG
Klóšterska hora

Dicht an der Eisenbahnstrecke Dresden-Bautzen und unweit der Bundesstraße 6 erhebt sich bei Demitz-Thumitz der 394 Meter hohe Klosterberg, auch Bozen genannt (1590 Schwartzberg). Sein jetziger Name leitet sich von dem Kloster St. Marienstern in Panschwitz-Kuckau ab, dem der Berg Jahrhunderte hindurch gehörte. 1413 ist er erstmals als Klosterbesitz erwähnt.

Ökonomisch gesehen ist er der reichste Berg der Oberlausitz, denn sein Westlausitzer Granodiorit – als Demitzer Granodiorit bezeichnet – ist gut spaltbar und hat eine Druckfestigkeit von 1 900 Kilopond/Quadratzentimeter. Ab 1845 entstanden in einem 4 600 Quadratmeter großen Gebiet die größten Granitsteinbrüche Deutschlands. Einzeln liegende Gesteinsblöcke wurden schon im ersten Drittel des 18. Jahrhunderts bearbeitet, doch größerer Abbau wurde durch die Grundherrschaften untersagt. 1732 und 1767 waren sogar hohe Geldstrafen angedroht worden. Die ersten zwei namentlich bekannten Steinmetzen, Lingst aus Schmölln und Heide aus Tröbigau, durften keine Steinbrüche anlegen, sondern mußten noch 1830 nur Oberflächensteine verarbeiten. Sie stellten vorwiegend Steinwannen und -tröge her.

Erst zum Eisenbahnbau, vor allem für die erste größere Steinbrücke der Oberlausitz über das Schwarzwassertal, benutzte man Granitsteine aus kleinen Brüchen neben der Bahn. Zwei Pfeiler der 230 Meter langen und 17 Meter hohen Brücke sind aus Sandstein, acht aus Granit. So entstanden 1844/45 die ersten Granitbrüche, zunächst der Klosterbruch, den man auch Zigeunerloch nannte. Nach und nach wurden 30 Brüche angelegt.

Die Steinbrecher hatten 5 bis 20 Kilometer An- und Rückmarschwege aus und nach rund 60 Dörfern. Viele stammten von auswärts, sogar aus Böhmen und Bayern. In Demitz entstand 1896 die erste Ortsgruppe des Zentralverbandes der Steinarbeiter Deutschlands. 1929 arbeiteten am Berg 2 900 Steinarbeiter.

Übrigens wurde der Oberlausitzer Granit, der vor 450 Millionen Jahren im Karbon-Zeitalter entstand, von den Gummibaronen von Manaos am Amazonas als »bestes und teuerstes Material der Welt« bezeichnet, als sie den Marktplatz dieser brasilianischen Stadt mit Lausitzer Kleinpflaster befestigen ließen.

Der Aufstieg von Demitz-Thumitz aus führt in 30 Minuten zur Bergbaude. Von Schmölln, an der Bergsüdseite gelegen, kommt man auf weniger steilem Weg in 40 Minuten zum Ziel. Wer nicht laufen will, kann auf der Straße von Bautzen über Gaußig nach Neuschmölln sogar bis vor die Baude fahren.

Am 3. Oktober 1904 wurde der Grundstein zur ersten Bergbaude gelegt. Es war das größte Berggasthaus der mittleren Oberlausitz mit fünf Gast- und Gesellschaftszimmern und 750 Sitzplätzen. Später kamen Kolonnaden, Veranda, Spielplatz und eine Rodelbahn dazu. Auch Fremdenzimmer gab es. Am 8. Juli 1906 wurde der 22 Meter hohe Aussichtsturm feierlich eingeweiht. Leider sprengte am 6. Mai 1945 ein Wehrmachtstrupp vor den entsetzten Augen des Bergwirts Rößler mit 15 Teller- und 12 Kastenminen, 405 Sprenggranaten und einer Kiste Pulver diese Erholungsstätte.

Der Vater des damaligen Bergwirts, der Bäckermeister Gottlob Rößler (1850–1930), hatte den Mut zum Bau der Bergbaude. Ein Gebirgsverein brachte das Geld für Wege und Wegweiser auf. Das Kloster St. Marienstern war nicht bereit, in seinem Bergwald ein Grundstück zum Bau freizugeben. Aber Rößler konnte von der Gemeinde Bolbritz eine Gipfelfläche kaufen.

Noch länger, nämlich über 50 Jahre, blieb ab 1920 sein Sohn Fritz Rößler Bergwirt. Er kaufte eine leerstehende Baracke, und ab September 1945 bewirtete er wieder Touristen, bis er schließlich aus Gesundheitsgründen im Mai 1971 den Berg verließ. Viele können sich noch an sein Pony erinnern, mit dem er Ware heraufholte, auch an sein zahmes Reh, das zur Gasthaustür hereinschaute.

1977 entschloß sich die Familie Gottfried Lange aus Naundorf, eine neue Bergbaude fast ausschließlich selbst zu bauen. Sie wurde 1980 eröffnet. 120 Besucher können sich im rustikalen Bauernzimmer stärken. Ein kleines Jagdzimmer ist für Feiern geeignet.

Von den Lichtungen und Waldschneisen inmitten des Fichten-, Lärchen- und Buchenwaldes bieten sich herrliche Fernsichten an, so nach Lausche, Hochwald, Tannenberg (Südost), Valtenberg, Unger, Hoher Schneeberg (Süden), Ebersdorfer Kapelle am Nollendorfer Paß, Mückentürmchen, Geisingberg und Burg Stolpen (Südwest). Im Nordwesten zeigen sich der Sibyllenstein, der Schwedenstein, der Keulenberg, der Hutberg, während man im Norden mit dem Fernglas bis zum Deutschbaselitzer Großteich, nach Wittichenau, Hoyerswerda, Neschwitz und Königswartha sieht. Im Osten reicht der Blick bis zu den Königshainer Bergen und zur Hohen Dubrau. Im Südosten erblickt man den Picho, halbverdeckt den Mönchswalder Berg, den Czorneboh und den Bieleboh.

Auch rund um den Klosterberg ist Interessantes zu finden. An der Südwestseite des Demitz-Thumitzer Banhofsgeländes entdeckte der Geologe Dr. Otto Beyer 1894 mehrere Zentimeter tiefe Schrammfurchen, die klar zeigen, wie die Eiszeitgletscher von Nordost nach Südwest selbst in Felsen ihre Spuren hinterließen. Vom Berg wäre damals nichts zu sehen gewesen; denn die Gletscherhöhe der ersten Eiszeit betrug etwa 440 Meter.

Das an der Südseite des Berges liegende Dorf Schmölln (Smollen 1359, Schmolen 1559, Schmellen 1777), abgeleitet vom sorbischen »smoła« (Pech), also ein Pech- oder Pechsiederdorf, lag einst so versteckt im Klosterbergwald, daß es von den Stürmen der Zeit verschont blieb.

In der Nähe der neuen Berggaststätte, 75 Meter südostwärts, ragt der Dreisesselstein am Wegrand empor, die Stätte der bekanntesten Klosterbergsage. Es gibt mehrere Bergsagen. Auch wir setzen uns in die Hohlsitze dieses Jungfernsteins. Er war früher Markierungszeichen der drei hier zusammenstoßenden Fluren des Klosters Marienstern und der Rittergüter Thumitz und Döbschke.

Die Sage drüber liest sich allerdings so: Auf einem benachbarten Berg habe einst ein Berggeist gewohnt (andererseits soll es ein Wassermann aus dem Schwarzteich bei Putzkau gewesen sein), der drei wunderschöne Töchter hatte. Wenn in der Dorfschenke zu Demitz (bzw. in Neuschmölln) Tanz war, rissen sich die Burschen um die bildschönen Mädchen, und nach Tanzschluß boten sich immer mehrere an, sie heimzuschaffen. Der Weg führte über den Berggipfel, und auf den »drei Stühlen« (ein weiterer Name für den Stein) wurde ausgeruht. Jedesmal kurz vor Mitternacht verabschiedeten sich die Jungfrauen und verschwanden.

Um ihre Wohnung auszukundschaften, erzählten eines Tages die Burschen lange. Da schlug es Mitternacht von einem Kirchturm. Die Mädchen schrien wild auf und waren plötzlich verschwunden. Wie angewurzelt standen die Begleiter und wurden todbleich, als aus Richtung des Galgenteiches ein markerschütternder Schrei zum Gipfel drang, dem zwei weitere folgten. Nie wieder wurden die Jungfrauen gesehen. Der Berggeist (der Wassermann) habe seine Töchter ertränkt, weil sie nicht vor Mitternacht zu Hause waren, endet die Sage.

Auf dem Rückweg kommen wir an mehreren stillgelegten Brüchen vorbei. Am Bruch »Bolbritz« war mehrere Jahre sogar eine Freikörperkultur-Badestätte. Beim Blick in die fast 100 Meter tiefen, derzeit genutzten Brüche denken wir daran, daß die ausgebeuteten Steinarbeiter früher in zwölf Stunden härtester und gefahrvollster Knochenarbeit täglich nur 0,75 bis 1,00 Mark verdienten. Erst um 1900 hielt die Technik Einzug. Am Klosterberg wurde der erste Kabelkran Deutschlands aufgestellt, 1901 wurden die ersten Steinspaltmaschinen in Betrieb genommen.

DER HOHE HAHN

Von Gaußig aus wollen wir über den Fuchsberg und den Neukircher Berg zum Hohen Hahn. Ausgangspunkt ist das Parktor zwischen Kirche und Gut. Gaußig verdankt seine erste Erwähnung einem kleinen Bach, »in rivum Guze«, der in einer Grenzurkunde des Jahres 1241 genannt ist, die der böhmische König und der Meißner Bischof auf dem Königstein besiegelten. Der Ortsname stammt vom altsorbischen »guska« (Gänschen). Demnach war Gaußig ein Gänsedorf.

Das Gaußiger Schloß war bis 1945 Hauptsitz der Adelsfamilie Schall-Riacour, die in der Oberlausitz 23 Güter und viel Wald besaß. Danach wurde es Erholungsheim der Technischen Universität Dresden. Sein Aussehen stammt im wesentlichen aus der Zeit nach 1800. Es enthält schöne, mit Kunstschätzen ausgestattete Säle. Im Spiegelsaal finden seit Jahren gutbesuchte Konzerte namhafter Interpreten statt.

In der Schloßkapelle steht ein gotischer Flügelaltar aus dem Jahre 1480.

Jetzt beginnt unser Rundgang durch den schönsten Park des Kreises Bautzen. Er ist 28 Hektar groß, wurde Mitte des 18. Jahrhunderts im französischen Stil angelegt, jedoch um 1790 im englischen Stil umgestaltet. Die mächtigen Bäume stammen aus dieser Zeit, auch der Gondelteich, die Pavillons und die verschlungenen Wege. Wenn die hohen Rhododendron- und Azaleenbüsche blühen, ist der Park das Ziel zahlreicher Besucher. Auch viele Vogelarten finden wir hier. Am südlichen Parkrand ist nach dem zweiten Weltkrieg eine Sportstätte entstanden.

Allmählich geht der Park in südwestlicher Richtung in Naturwald über. Bald kommen wir auf einen Weg, der uns zu den Gickelshäusern führt. Nach Durchblicken auf die Naundorfer Fluren kommen wir zu einem fast unbekannten Wallhügel, den der Volksmund Raubschloß nennt. Es ist eine kleine vorgeschichtliche Verteidigungsanlage mit doppeltem Ringwall, etwa 80 bis 90 Meter breit, mit einem Graben davor. Die innere Wallhöhe ist etwa zweieinhalb Meter hoch. Durch Grabungen konnten slawische und frühdeutsche Funde gemacht werden.

Auf dem Weg zum Hohen Hahn überschreiten wir die Hänge des nur selten besuchten Fuchsberges (405 m), an dem neben Fichten viele Lärchen stehen. Dann lichtet sich der Wald, und wir sehen die Gickelshäuser. Vor uns liegt ein mehrere Kilometer breiter, unbewaldeter Hang, der nach Neukirch zu abfällt. Halblinks erhebt sich der Lämmerberg (402 m), der ebenfalls ohne Wald ist.

In der Oberlausitz gibt es mehrere Ortsnamen mit Gickel, was von dem alten Wort gickeln, heute gucken, stammt. Die Häusergruppe, ehemalige Kleinstgehöfte und Häusleranwesen, wurde erst in der zweiten Hälfte des 18. Jahrhunderts gebaut. Auf drei Seiten ist sie von Wald umgeben. Nach Süden hat man eine herrliche Sicht.

Wir stehen jetzt auf einem vielbegangenen Wanderweg. Der Hauptwanderweg Greiz – Görlitz verläuft hier ebenso wie der Gebietswanderweg Königsbrück – Großpostwitz.

Wir wandern genau nach Westen, überschreiten Freiflächen, aber nach ein paar hundert Metern müssen wir aufpassen. Dort, wo die Fahrstraße in den Wald hineinführt, dürfen wir nicht gehen; denn wir kämen sonst nach Naundorf.

Wir gehen weiter westlich und steigen, fast am Waldrand, auf den Neukircher Berg (403 m). Prachtvoll erhebt sich gegenüber, hinter der Neukircher Talwanne, der Valtenberg. Schon sehen wir auch Neuputzkau und die Putzkauer Fluren.

Nun senkt sich der Weg etwas. Bald stoßen wir auf einen anderen Wanderpfad, der am Butterberg vorbei zum Klosterberg führt. Ihn dürfen wir aber nicht gehen, damit wir unser

Ziel, den Hohen Hahn (446 m), nicht verfehlen. Durch den Wald aufsteigend, stehen wir bald vor den etwa vier Meter hohen Gipfelklippen. Rundum steht Fichtenforst. Früher gehörten die Wälder, die wir durchwanderten, zum Gaußiger Gutsbesitz.

Der Bergname hat mit einem Hahn nichts zu tun. Vielmehr kommt er, im Volksmund verballhornt, von Hain, in früheren Zeiten oft für Wald gebraucht. Tatsächlich hieß der Berg Ende des 16. Jahrhunderts »Hainnbergk«, wobei das doppelte »n« und die Endung »gk« auf ein beträchtliches Alter des Namens hinweisen.

Wer müde ist, geht nun talabwärts über die Rupprechtshäuser bis zur Neukircher Hauptstraße, damit er in den Bus einsteigen kann. Wer aber bis zum westlichsten Ende des Bergzuges wandern will, schreitet weiter in Richtung Westen. Dazu muß man auf Waldpfaden, immer am Höhenzugrücken bleibend, bis zum Spitzberg (385 m) gehen. Vom südwestlichsten Waldrand hat man eine schöne Aussicht auf die Gegend um Putzkau. Hier führt ein Weg vorbei, der Schmölln und Neuputzkau verbindet und Diebssteig heißt. Schon dieser Name sagt, daß es hier einsam, für den Heimat- und Naturfreund jedoch das richtige Gebiet ist, in dem er Pflanzen und Tiere beobachten kann. Vom Spitzberg aus erreicht man Bushaltestellen in Putzkau.

DER GROSSE PICHO
Pichow

Auf den Großen Picho (499 m) führen viele Wege. Die Rüstigen wählen den steilen Anstieg von Dretschen oder Arnsdorf aus, gemächlicher wandert man von Neudiehmen auf den Berg. Wer gar bis fast unter den Gipfel fahren will, kommt von Tautewalde. Kurz vor dem letzten Steilanstieg liegt ein ehemaliger Steinbruch, den man teilweise planiert und dadurch einen Parkplatz geschaffen hat.

Der Große Picho ist der höchste Gipfel eines Bergzuges von Ost nach West. Er besteht hauptsächlich aus Zweiglimmer-Granit, aber im Kamm liegt auch ein mehrere hundert Meter langer und etwa 30 Meter mächtiger olivinhaltiger Lamprophyr-Gang, dessen Gestein hervorragend für Bau- und Schmucksteine geeignet ist. Der Berg hat keine großen Geröllhalden und auf dem Gipfel auch nicht die sonst in der Oberlausitz meist aufragenden Felsklippen.

In der schwärmerischen Zeit des vergangenen Jahrhunderts wurde der Große Picho als »Oberlausitzer Rigi« bezeichnet und so mit dem weltberühmten Berg in der Schweiz verglichen. Anfang des 19. Jahrhunderts hieß er Belzberg nach der Tautewalder Familie Belz, die hier oben Waldbesitz hatte. 1826 wurde er Dretschener Pychow genannt. Auch Arnsdorfer Tannenberg sagte man. Sprachwissenschaftler deuteten den Begriff Pychow als »mit wenig Erdreich bedeckte Höhe« oder »Brandfleck auf Felsen«, beides aus sorbischen Begriffen abgeleitet.

Wer aus der Arnsdorf-Dretschener Talwanne aufsteigt, sei daran erinnert, daß an der Dretschener Schule der in der Fachwelt bekannteste Oberlausitzer Naturforscher und sorbische Lehrer Michael Rostok (1821–1893) unterrichtet hat. Er hat am Großen Picho 15 Arten Brombeergewächse gefunden. Dretschen, 1352 erstmalig als Dreschin erwähnt, ist eine sorbische Ansiedlung, während das benachbarte Arnsdorf 1363 Arnoldisdorf hieß, abgeleitet vom Namen Arnold, und eine deutsche Gründung war. Tautewalde, die »Rodungssiedlung eines Tuto«, hieß deshalb 1374 Tutenwalde.

Über den Großen Picho führen viele markierte Wanderwege. Der wichtigste ist der Hauptwanderweg 2, der über 313 km von Greiz nach Görlitz führt und als Zeichen einen blauen Punkt hat. Auch ein Gebietswanderweg, der in Königsbrück beginnt und in Großpostwitz endet, läuft über den Berg. Außerdem finden wir hier drei Kreiswanderwege durch das Landschaftsschutzgebiet Lausitzer Bergland.

Überall auf dem Großen Picho finden wir Mischwald, auf den Waldböden Kräuter und Blumen, die unter strengem Naturschutz stehen, wie Seidelbast, Arnika, Nestwurz, Bärlapp, die Hohe Schlüsselblume und andere. Vom Gipfel aus bietet sich jetzt nach Südwesten weite Sicht.

Der Große Picho erhielt erst spät eine Baude. 1927 errichtete ein Tautewalder Einwohner eine einfache Schutzhütte. Der zahlreiche Besuch durch Touristen und Wanderer ermöglichte es ihm aber bald, die Bergbaude großzügiger zu bauen. Sie ist jetzt gemütlich im rustikalen Stil eingerichtet. Im Sommer kann man vor der Baude rasten.

Man kann vom Gipfel nicht gleichzeitig rundum schauen, aber wer auf den Gipfelwegen spazierengeht, blickt bis zur Lausche, über das Bautzener Hügelland, zum Mönchswalder Berg, Dahrener Berg, Valtenberg und Rüdenberg.

Zum Abstieg wählen wir den Nördlichen Kammweg in westlicher Richtung. Unser Ziel ist Neudiehmen. Wir kommen links am Parkplatz vorbei, und nun nimmt uns ein Hohlweg auf, der bis zur Bautzen-Neukircher Straße durch Wald führt.

Während des Abstiegs fast am Fuß des Großen Picho angelangt, machen wir noch einen Abstecher zum »Heimatblick«. Am Waldrand gehen wir nach links zu einer kleinen

Holzhütte. Sie wurde von Neukircher Einwohnern nach Feierabend erbaut. Von hier haben wir weite Sicht über das Neukircher Tal auf die Berge im Süden. Neben der Hütte stehen ein Karussell und eine Wippe.

Wenn wir dann vom Hohlweg aus die ehemalige Kleebuschschenke erreichen, erblicken wir links am Waldrand mehrere kleine moderne Hütten. Von da haben wir eine wunderbare Fernsicht auf die Wälder bei Naundorf, auf den Gaußiger Park und die zahlreichen Weiden um Diehmen. In Neudiehmen halten die Busse für die Heimfahrt.

Für eine weitere Wanderung auf den Großen Picho braucht man mehr Zeit. Von Irgersdorf geht es zu Fuß steil in südliche Richtung auf den unbewaldeten Wilthener Galgenberg (386 m). Wir halten uns rechts, gehen nach etwa 300 Metern in den Wald hinein und steigen bis zum Picho-Gipfel. Dieser Weg bietet viele schöne Fernsichten.

16

DER TSCHELENTSY
Ćeleńc

An der Strecke von Bautzen nach Neukirch sehen wir links den einsamen Tschelentsy (367 m). Gnaschwitz, Weißnaußlitz und Dretschen liegen an seinen auslaufenden Berglehnen. Wer absolute Stille sucht, findet sie hier, dazu manches Interessante. Wir fahren bis Weißnaußlitz. Alle »Naußlitz«-Dörfer bedeuten Neudorf, sind also spät gegründet, obwohl dieser Ort bereits 1241 erstmalig urkundlich erwähnt wurde und 1383 »Nozedlicz in dem Gebirge« hieß. Weißnaußlitz war eines der ersten Oberlausitzer Dörfer, in denen Kartoffeln angebaut wurden.

Vor den ersten Häusern von Weißnaußlitz fahren wir links und stellen unser Fahrzeug am Ende der befestigten Straße ab. Ein grasbewachsener Fahrweg strebt zwischen dem nordwestlichen Waldrand und der Neukircher Straße aufwärts zum Tschelentsy. Rechts sehen wir die Wälder am »Langen Wasser« bei Katschwitz. Immer höher geht es hinauf, bis wir auf eine einsame Viehkoppel stoßen.

Der Tschelentsy besteht aus Granodiorit, der Westhang, den wir überschritten, aus Zweiglimmergranodiorit. Die Lößlehmdecke ist nicht allzu stark; denn in der Eiszeit, in der die Rieseneisdecke in unserer Heimat über 400 m hoch war, wurden frühere Böden »abgehobelt« bzw. weggeblasen. Der Tschelentsy mit seinen 367 m wäre damals nicht zu sehen gewesen. Was uns an diesem einsamen Berg am meisten freut, ist seine Ursprünglichkeit. Hier blieb der natürliche Wald erhalten.

Jetzt schon an der Südwestseite, entdecken wir noch viel Laubgehölz, sogar Weißtannen, die hier ihre nördliche Verbreitungsgrenze haben. Auf keinem anderen Berg sind sie noch so relativ zahlreich. Eichen, Birken, Sommerlinden, Ebereschen und natürlich auch Fichten machen den Wald bunt. Kurz vor den Felsklippen am Gipfel findet man im Herbst viele Pilze, vor allem Maronen und Birkenpilze.

Während der Gipfelrast fragen wir uns, welche Bewandtnis es mit dem Bergnamen hat. Sprachwissenschaftler führen ihn auf das sorbische Wort ćelo (Kalb) zurück. Tatsächlich wird er auch Kälberberg genannt.

Der Tschelentsy hinterließ, was selten ist, schon vor 650 Jahren schriftliche Spuren. Lange Zeit gehörte Weißnaußlitz zinspflichtig zum Kloster St. Marienstern, und in dessen Zinsregister wurde mehrfach erwähnt, daß von diesem Dorf für den Wald am Tschelentsy jährlich eine Mark Zins zu zahlen war.

Durch dichten Adlerfarn steigen wir in östlicher Richtung bergab. Bald stoßen wir auf den von Arnsdorf nach Gnaschwitz führenden Kuhweg, einen zwischen Tschelentsy und Bärwald liegenden Bergsattel. Nordöstlich erreichen wir wieder den Bergfuß. Vor uns liegt der niedrige Hasenberg, auf dem Wochenendhäuser angesiedelt sind. Aus anderer Richtung mit Blick nach Südwesten bewundern wir noch einmal den aufragenden Tschelentsy mit seinen schönen Konturen, hervorgerufen durch die unterschiedlich geformten Baumwipfel.

Dieser Berg verdient es, mehr besucht zu werden, zumal man an seiner Südwestseite, dort, wo der Kuhweg in den Bergwald einmündet, auch einen allerdings etwas steilen Aufstieg nach Sora findet. Wer Glück hat, kann am Tschelentsy viele Waldtiere beobachten. Wie der verstorbene Bautzener Professor Jordan seinerzeit mitteilte, wurde um 1920 am Tschelentsy das letzte freilebende Haselhuhn der Oberlausitz geschossen. Durch die Bergeinsamkeit konnte bis zu dieser Zeit der scheue Vogel hier leben.

17

DIE TEUFELSKANZEL

Die nächste Bergwanderung führt in die vielbesuchte Gebirgslandschaft zwischen der Teufelskanzel und dem idyllischen Bergdorf Sora. Wir fahren mit Bahn oder Bus bis Wilthen, von wo wir nach Irgersdorf, unserem Ausgangspunkt, gehen.

Dieses auf der Sonnenseite gelegene Dörfchen am Südfuß des Mönchswalder-Teufelskanzel-Bergzuges ist eine späte Rodungssiedlung. Man kann alte Bauten, wie Oberlausitzer Umgebindehäuser mit Tragsäulen auf steinernen Sockeln, sehen. 1420 wird der Ort erstmalig als Ergirsdorf genannt. 1430 hieß er Erichsdorf und 1559 Jägersdorf. Hier wohnte im 16. Jahrhundert der Jäger und Heger des Feudalsitzes in Wilthen. Der wenig ertragreiche Boden, etwas Lößlehm auf und neben Schotterflächen, hat die Entwicklung von Irgersdorf gehemmt.

Der Weg durchs Dorf bergan ist steil: der Höhenunterschied beträgt etwa 50 Meter. Wir steigen dann jenen Waldpfad hoch, der zum vielbegangenen Kammweg Jägerhaus – Teufelskanzel – Sora führt. Er erreicht ihn auf einem Plateau, das geologisch interessant ist, weil hier das Eis der Elster-Eiszeit den Bergkamm überwand. Weiter geht es auf dem Kammweg linker Hand. Im Herbst kann man an der ansteigenden Jungfichten-Fläche reiche Himbeerernte halten. Dann nimmt uns Hochwald auf, etwas später ein kleines Jungbirkenwäldchen, dessen dünne Stämme wegen der Stürme und winterlichen Schneelasten verbogen sind.

Schon schimmert die Teufelskanzel (463 m) durch. Das sind etwa drei Meter hohe Felsklippen, umgeben von Zweiglimmergranit-Trümmern. Im Gestein befinden sich zahlreiche Grauwackeeinschlüsse. Weil Grauwacke rascher auswittert, sind an der Teufelskanzel bizarre Formen entstanden, die Anlaß zur Sagenbildung wurden. Aus der Vielzahl nur eine: Auf dem Ostfelsen befindet sich eine schalenförmige Vertiefung, ähnlich einem Gesäßabdruck im Schnee. Dort müsse oftmals der Teufel gesessen haben.

Wir gehen westlich weiter, erreichen nach etwa 200 Metern den Waldrand und sehen links ein schönes Landschaftsbild, den Wilthener Galgenberg und die überleitenden Ausläufer des Großen Picho. Der mit hohem Gras bewachsene Hang lädt zum Rasten ein, zumal viele dicke Baumstubben recht bequeme Sitzplätze sind. Rundum sehen wir nur Wälder, kein Haus, keinen Leitungsmast, also fast unberührte Natur. Hier gedeihen verschiedenartige hohe Gräser.

Im Winter bei viel Schnee ist ein leiser, grollender Ton zu hören. Weiter westwärts gehend, kommen wir an eine kleine Holzhütte, in der sich der Motor für den Skilift befindet. Wir sind nun inmitten eines beliebten Wintersportgebietes auch vieler Bautzener. Etwas weiter fallen von unserem Weg in Richtung Kleiner Picho und Adlerweg steile Hänge hinab. Auf diesen Skipisten sind schon richtige Könner zu bewundern. Nach Norden ist die Fernsicht schön.

Wer sich westlich der Teufelskanzel im Sommer aufhält, glaubt sich in ein Hochgebirge versetzt. Nicht umsonst werden die großen Viehweiden »Bautzener Alm« genannt. An hohen Haselnußhecken entlang führt der Weg in das Bergdörfchen Sora, den höchstgelegenen Ort des Kreises Bautzen (410 bis 440 m). Alles blüht und reift etwa drei Wochen später als im Gefilde zwischen Weißenberg und Kamenz. Die meisten Besucher kommen mit Autos aus Richtung Arnsdorf. Von dort führt eine steile Straße herauf.

Das beliebte Gasthaus »Schöne Aussicht« wurde durch einen balkonartigen Anbau mit großen Fenstern erweitert. Davor liegt ein Parkplatz. Weite Fernsichten ins Bischofswerdaer und Kamenzer Gebiet hat man hier. Einst nannte sich das Dörfchen Sahir (1477), später Szoro (1499). Bekannt ist die Sage, nach der es in Sora keine Sperlinge gäbe, weil als Dank Zigeuner mit einem Zauberspruch diese Vögel von der Ortsflur verbannt hätten. Schon 1719 steht es so in einem Buch. Wir aber sehen allerhand Sperlinge. Oberhalb der Gaststätte liegt ein zwei Meter tiefer, uralter Brunnen mit klarem Gebirgswasser. Steinstufen führen in das Tonnengewölbe hinab.

Wir gehen die Fahrstraße etwa 40 Meter abwärts und biegen dann rechts in einen Feldweg ein. Wieviel Arbeit, Zeit und Schweiß muß es gekostet haben, um die Tausende und aber Tausende Steine aufzulesen und zu Steinrücken zu schichten. Sie stehen unter Naturschutz. Vor uns liegt der Kleine Picho (456 m), an dessen bewaldetem Südrand wir entlanggehen. Schon erreichen wir die neuerbauten Unterkunfts- und Lagerhäuschen eines Steinbruches. Steil abwärts schreitend, kommen wir an einem Waldzwickel, an dem auch das Ende des großen Skihanges liegt, auf den vielbegangenen Adlerweg nach Schwarznaußlitz.

Wer werktags wandert, muß die an Baumstämmen angebrachten Warn- und Hinweisschilder beachten, ebenso die Warnsignale; hier wird gesprengt. Die Steinschleifereien in Taubenheim und Rodewitz benötigen die hier gebrochenen Blöcke. Am Wegrand stehen kleine spitzgiebelige Schutzhütten, in die man sich bei Sprengungen hineinsetzen kann.

Als wir aus dem Wald hinaustreten, liegt vor uns die Industrielandschaft des Spreetales. Der Weg stößt in Schwarznaußlitz auf die Straße nach Singwitz. Dort gehen wir an den landwirtschaftlichen Gebäuden links am Friedhof vorbei und durch das Gelände der ehemaligen Papierfabrik zum Bahnhof Singwitz.

18

DER MÖNCHSWALDER BERG
Mnišonc

Der Mönchswalder Berg samt Baude und Turm ist das meist-
besuchte Wanderziel der Bautzener und ihrer Gäste, gewissermaßen der Bautzener Stadtberg.

Uns fällt die Wahl des Aufstiegsweges schwer; alle sind
schön, alle bemerkenswert. Zumeist kommen die Wanderer
am Bahnhof Singwitz an. Dahinter führt östlich ein Weg an
einem Wohnheim vorbei, der über die Bahngleise abwärts
führt. Entweder gehen wir dann rechts über eine Spree-
brücke in den Hof der ehemaligen Bautzener Papierfabrik,
schließlich halblinks weiter am Oberguriger Friedhof vorbei
nach dem idyllischen Örtchen Blumenthal. Von hier führt
auf markiertem Waldweg wieder halblinks der Weg zum
Gipfel. Ein anderer – der meistbegangene Weg – führt vom
Bahnhof ebenfalls bis zur Papierfabrik, doch strebt er dann
östlich durch die mit Weiden und Erlen bewachsene Spree-
Uferzone, vorbei am ehemaligen »Kuchenhäusel«, zur uralten Böhmischen Brücke, die sich katzbuckelig über die
Spree wölbt.

Die Hauptstraße in Kleinboblitz überschreitend in Richtung Süden, kommen wir auf schönem Weg an den bewaldeten Bergfuß, von wo wir entweder die Fahrstraße (rechts)
oder den Fuchsweg (links) emporsteigen. Bald erreichen wir
die am Bergsattel liegende Gaststätte »Jägerhaus« (383 m).
Hier überwindet die von Wilthen kommende Straße den
Bergsattel. Die zwei am wenigsten begangenen Aufstiege
sind die schönsten: Einer führt von Großpostwitz über das
Dörfchen Berge an der früheren Rodelbahn vorbei an der
Gipfelnordseite zur Baude. Der andere Aufstieg führt durch

stillste Waldeinsamkeit von Rodewitz zunächst steil in westliche Richtung, und auf dem Kammweg erreichen wir ebenfalls die Baude. Während unseres Aufstieges erkennen wir, daß Zweiglimmergranodiorit das Hauptgestein dieses Berges ist, aber auch Lamprophyrgänge entdecken wir. An der Nordseite stoßen wir jedoch bis in etwa 420 m Höhe auf Geschiebe- und Lößablagerungen der Elster-Eiszeit. Alle Hänge, auch der Bergkamm, werden von Fichtenwald bedeckt, in den Rotbuchen, Birken, Eichen eingestreut sind. Berg und Wald werden in alten Urkunden oft genannt.

Zunächst widmen wir unsere Aufmerksamkeit dem genannten »Jägerhaus«, einer Gaststätte mit Tanzsaal, daneben befindet sich das Häuschen eines Försters. Schon in grauer Vorzeit, historisch nicht faßbar, überschritt hier der Böhmische Steig das Gebirge. Auf dem Plateau sollte sogar ein Dorf gegründet werden. 1785 ließ der Wilthener Gutsherr von Zittwitz hier ein Försterhaus bauen, das ein Jahr später die Schankgerechtigkeit erhielt. Diesen Ausschank nannte das Volk »Adlerschenke«. Diese strohgedeckte Schenke wurde 1907 abgerissen, nachdem vorher, 1891, der Bau errichtet wurde, wie wir ihn sehen. Rund um das »Jägerhaus« entdeckt man viele behauene Steine mit oder ohne Einmeißelungen, alles alte Grenzmarken. Zwei weisen die Jahreszahl 1754 und einer 1784 auf, Hinterlassenschaften eines Streites zwischen dem Bautzener Domstift, dem noch heute viele Wälder dieser Gebirgskette gehören, und der Gemeinde Wilthen.

Auf zwei Wegen steigen wir von hier zur Bergbaude auf. Links geht es über Felsen, rechts auf glattem Wege. Erstmals wurden bereits in den dreißiger und vierziger Jahren des 15. Jahrhunderts die hier stehenden Wälder chronikalisch erwähnt. Die Katzenbuckelbrücke bei Kleinoblitz taucht namentlich jedoch schon in der berühmten Oberlausitzer Grenzurkunde 1223 als »Daniborubrod«, Furt des Danibor, auf. Besitzer der Wälder war eine Bautzener Familie Gemeiner (Urkunde vom 18. Juli 1440), auch andere Bautzener Bürger, sowie das kleine Kloster in dem von Mönchen gegründeten Ort Mönchswalde. Nach der Reformation ging der Klosterbesitz am 27. September 1558 an das Bautzener Domkapitel über.

Nun interessiert uns, wie Baude und Turm auf diesen Berg (449 m) kamen. Jahrhunderte hieß der Berg Wetzkischer Wald, wahrscheinlich nach einem Familiennamen. Meist wurde er aber Wilthener Berg genannt. Als der 1882 gegründete »Bautzener Gebirgsverein im Spreetal«, 1884 umbenannt in »Gebirgsverein Bautzen«, in der Nähe der Stadt einen Aussichtsturm und eine Bergbaude errichten wollte, hatte man zunächst den Drohmberg im Auge. Am 14. April 1882 fand nach einer Vorbesprechung auf dem Czorneboh in Bautzens »Thiermannschen Kolonnaden« die Vereinsgründung mit zunächst 29 Mitgliedern statt.

Die vier Eisenbahnstationen am Bergfuß des jetzigen Mönchswalder gaben den Ausschlag. Am 1. Mai 1884 wurde in einer Hauptversammlung unter Vorsitz des Oberlehrers Dinter der Bau der Baude und des 20 m hohen Turmes festgelegt, die Bausumme auf etwa 10 000 bis 12 000 Mark veranschlagt. Unverzinsliche Anteilscheine zu je 10 Mark sollten das Geld erbringen. Nur zehn Tage später erschien ein von 33 Mitgliedern unterzeichneter Aufruf dazu in den damaligen »Bautzener Nachrichten«. Zwei Monate später, am 27. Juni, waren bereits 7 344 Mark an Spenden und Anteilscheinen eingegangen, die Begeisterung der Bautzener Bevölkerung für dieses Projekt verratend. Der Bauplan des Bautzener Baumeisters Scheibe wurde genehmigt (25. Juli). Teilaufträge erhielten Maurermeister Schmidt (Pielitz), Dachdecker Kube (Bautzen), Zimmermeister Paul (Rodewitz) und andere. Bei allerschönstem Herbstsonnenschein fand am 15. Oktober 1884 die feierliche Grundsteinlegung statt, die Weiherede hielt Oberlehrer Dinter. Der Grundstein wurde in der südöstlichen Ecke der Baude gelegt. In ihm liegt eine hermetisch verschlossene Kapsel, darin eine Nummer der »Bautzener Nachrichten«, mehrere Münzen und ein Foto der erwähnten alten »Adlerschenke«. Mit der Bauausführung eines Aussichtsturmes durch den Kirschauer Maurermeister R. waren Fachleute und der Vorstand unzufrieden, weshalb man im April 1885 die weiteren Arbeiten an die Meister Herrmann in Cunewalde und Richter in Crostau übertrug.

Nach Überwindung organisatorischer, finanzieller und materieller Klippen rüstete man zur Einweihung. Sie fand bei wiederum allerschönstem Herbstwetter am 28. September 1885 statt. Etwa um 14 Uhr trafen die meisten Gäste, vom Singwitzer Bahnhof kommend, an dem mit viel Grün geschmückten Berggipfel ein. Mit Klängen einer Musikkapelle bestieg man zunächst den Aussichtsturm. Wie auch heute erfreute man sich an der prachtvollen Sicht. Im Rundgemälde erhoben und erheben sich Tafelfichte, Sieghügel (Isergebirge), Schneegrubenbaude (Riesengebirge), Jeschken und Hochwald, der Tollenstein, die Lausche, des weiteren der Tannenberg, Rosenberg, Sibyllenstein und der Kamenzer Hutberg sowie viele Gipfel der Sächsischen Schweiz. Um 16.30 Uhr begann der eigentliche Festakt. Baumeister Scheibe übergab die Schlüssel, die Weiherede hielt wiederum Oberlehrer Dinter, sie wurde später gedruckt. Abgesandte auswärtiger Gebirgsvereine trugen sich als erste in das Gästebuch ein. In den Abendstunden wurden Turm und Baude beleuchtet.

Die verausgabte Bausumme betrug 14 450 Mark. Die schwere Eisenplatte an der Turmsüdseite »Gebirgsverein Bautzen 1885« ließ der genannte Baumeister auf seine Kosten anbringen. Da zum Bau einer Kolonnade Geld fehlte, eine nochmalige Sammlung jedoch kärglich ausfiel, sprang der Bautzener Lehrergesangverein in die Bresche. Ein von ihm veranstaltetes Konzert am 16. April 1886 im damaligen Bautzener Hotel Laue erbrachte 300 Mark, also auch nicht viel. Erst jetzt »gewährte« der Bautzener Stadtrat einen »außerordentlichen« Beitrag von ebenfalls 300 Mark, gewissermaßen ein Trinkgeld, ein Almosen. Als sich die Schäbigkeit der Stadtobersten herumgesprochen hatte, kamen aus der Bevölkerung auch Sachspenden. Der Bautzener Töpfermeister Teutscher spendete einen wertvollen altdeutschen Ofen, andere gaben Möbel, Bilder, Landkarten, Lampen usw. Erster Gastwirt war ein gewisser Thiermann.

Auch im Winter gab es allzeit – wie auch jetzt – reichlichen Besuch am Berg. 1889 wurde mit einem im Riesengebirge hergestellten Hörnerschlitten, wie ihn heute kaum jemand kennt, den Berg hinabgefahren. Ende 1896 wurde die Wasserleitung aus Richtung Wilthen fertiggestellt. Erbauer war Ingenieur Göhler aus Dresden. Etwas später kam ein vor der Baude auf dem sogenannten Gesellschaftsplatz stehender Musikpavillon dazu. Heute hat hier der Pumphut-Pavillon seinen Platz, der in den 60er Jahren unseres Jahrhunderts auf Initiative des ehemaligen Bautzener HO-Direktors Mucke erbaut wurde. Das Dach ist dem Hut des sagenhaften Oberlausitzer Hexenmeisters Pumphut nachgeformt. Auch ein Walfischwirbelknochen aus Spitzbergen wurde in der Baude aufgehängt. Im Jahre 1904 erhielt der Turm vier Orientierungstafeln, gestaltet vom Wilthener Lehrer Näther. Die jetzige Glasveranda an der Baudennordseite stammt aus dem Jahre 1906.

Die ersten 50 Glühbirnen flammten am Berg im Januar 1914 auf. Am 1. Juli 1927 ging der gesamte bauliche Besitz des Gebirgsvereins in den Besitz des Pächters Paul Hantusch über, der Preis: 18 000 Mark. Am 22. Mai 1932 fand die 50-Jahr-Feier statt. Als Würdigung der 75 Jahre des Bestehens der Baude erschien im Oktober 1960 ein Beitrag des damaligen Direktors der Bautzener Stadt- und Kreisbibliothek, Erich Lodni, in der »Bautzener Kulturschau«.

Erwähnt sei, daß die ursprüngliche Bergbaude nur aus jenem Teil bestand, den man links vom jetzigen Gaststätteneingang sieht. Ab 1930 war darin auch eine Jugendherberge mit 24 Betten.

19

DER DROHMBERG

Lubin

Die breiteste Pforte in das Lausitzer Bergland ist das Großpostwitzer Tal. Seit uralten Zeiten führte dort die Hauptver-
bindungsstraße nach Böhmen hindurch, auf der oftmals böhmische Herrscher zu ihrer Huldigung nach Bautzen kamen.
Deshalb hieß die jetzige Bundesstraße 96 auch Kaiserstraße,
obwohl sie früher an vielen Stellen wegen ihres schlechten
Zustandes kaum passierbar war.

Wie ein Gestein gewordener Wächter ragt östlich von ihr
der erste südlich von Bautzen liegende Berg auf, der Drohmberg. Er liegt – der Luftlinie nach – näher an der Stadt als
der eigentliche Bautzener Stadtberg, der Mönchswalder
Berg.

Ein Blick von benachbarten Höhen oder auf die Landkarte
zeigt, daß der Drohmberg (432 m) fast die Form eines Brot-
laibes hat. Sein Grundgestein ist Zweiglimmergranodiorit,
der am Gipfel als niedrige Felsklippen zutage tritt. Die
dünne Bodendecke und die geringe Feuchtigkeit lassen
keine forstwirtschaftlichen Höchsterträge zu, obwohl der
Berg fast ganz bewaldet ist.

In früherer Zeit, bis fast in die Mitte des vorigen Jahrhunderts, wurde er auch als Hutung, als Viehweide, genutzt. Das
rief natürlich große Schäden am Baumbestand hervor. Ein
Großteil der Forsten gehörte ab zweiter Hälfte des fünfzehn-
ten Jahrhunderts dem Rat zu Bautzen (Großpostwitz war ein
Ratsdorf), dessen Forstverantwortliche den Südhang des Berges mit Lärchen bepflanzen ließen. Das Experiment glückte,
und als Dank dafür hat der Rat der Stadt dem Kämmereiver-
walter Johann Gottlob Postel am südwestlichen Teil des Ber-

ges, am Hangrundweg gelegen, ein Denkmal gesetzt, das heute noch steht.

Schädlich wirkte sich dann die frühkapitalistische Entwicklung aus, die nach dem Prinzip des schnellsten und höchsten Profits weitflächige Fichtenanpflanzungen bevorzugte, durch die, wie anderswo, Stangenwald entstand. Später leiteten fortschrittliche Forstmänner einen Wandel ein, und so zeigt der Drohmberg auch andere Gehölze, vor allem Eichen- und Buchenbestand, so an der Westseite, kurz vor Rascha, linkerhand von dem Feldweg an den Garagen und Wohnhäusern der Firma Wilhelm.

Fast unbekannt ist, daß der Drohmberg einst der Bautzener Stadtberg werden sollte: In den ersten Wochen des Jahres 1882 fanden sich auf dem Czorneboh (Turm und Gaststätte gab es schon) ein paar Männer aus Bautzen und Umgebung zusammen. Man verabredete, sich wenig später in den »Thiermann'schen Kolonnaden«, dem späteren »Bürgergarten« in Bautzen (jetzt Sorbisches National-Ensemble), zu treffen, um einen Gebirgsverein zu gründen. Das geschah am 14. April 1882. In den Satzungen des »Bautzener Gebirgsvereins im Spreegebiet« stand: »Der Verein stellt sich die Aufgabe, die wissenschaftliche Kenntnis des südlich der Stadt liegenden Mittellausitzer Berglandes zu erweitern und zu verbreiten und seine Bereisung zu erleichtern.«

Schon bald wurde beschlossen, auf einer der nächstgelegenen Gipfelhöhen einen Aussichtsturm und eine gastliche Unterkunftsstätte zu errichten. Rasch war ein Komitee gewählt, um Schritte zum Bau dieser Gebäude auf dem Drohmberg zu unternehmen.

Während die Pläne schon ausgearbeitet wurden, um Aussichtsturm und Gaststätte auf dem Drohmberg zu bauen, überlegte man, ob es nicht besser und vorteilhafter wäre, sich auf dem gegenüberliegenden Wilthener Berg, wie damals der Mönchswalder hieß, einzurichten, weil er vier Bahnstationen zu seinen Füßen liegen hatte. Am 1. Mai 1884 fiel in einer Hauptversammlung die endgültige Entscheidung für den Wilthener Berg.

Auch ohne Turm lohnt sich die Aussicht vom Drohmberg. Man hat eine weite Sicht, vor allem nach Norden. Am Horizont liegen die Industriegiganten Schwarze Pumpe und Boxberg, im Südwesten der Sonnenberg-Mönchswalder-Teufelskanzel-Tschelentsy-Höhenzug, im Süden weite Täler und böhmische Bergspitzen sowie im Osten die Czornebohkette. Übrigens führt an der Ostseite, zwischen Drohmberg und dem Schmoritz-Berg, zwischen den Orten Binnewitz und Kleinkunitz, der bekannte »Siebenhügelweg« vorüber. Kleinkunitz besteht immer noch aus vier Gehöften, und das schon seit der Zeit, als der Ort gegründet wurde.

Mit dem Drohmberg ist manche Geschichte verbunden. Der Sage nach sollen auf dem Berggipfel, unter den Felskanzeln, sieben sorbische Könige samt ihren goldenen Kronen begraben worden sein, als sie nach verlorener Schlacht gegen deutsche Feudalheere auf dem Berg gestorben sind. Historisch ist das nicht möglich; denn bei den Sorben bestanden nur frühfeudale Herrschaftsformen, denen zufolge es Könige nicht gab.

Eine andere Sage berichtet von einem flüchtigen Mönch, dem angeblichen Erbauer der Vorläuferin unserer »Alten Wasserkunst«. Weil kein Wasser floß, wollten ihn die Bautzener lynchen. Im Traum auf dem Drohmberg sah er in einem Wasserrohr eine große Kröte sitzen, die es verstopfte. Er eilte in die Stadt, und sein Traum bestätigte sich. Rasch war das Tier beseitigt, und es floß wieder Wasser.

Historisch verbürgt ist aber ein anderer »Gast« auf dem Drohmberg. Als der in der Bautzener Fronfeste zum zweitenmal eingekerkerte Böhmische Wenzel, ein Räuber, 1815 ausbrechen konnte, flüchtete er samt einer am Bein befestigten Fußangel mit Kette gen Süden. Am Drohmberg entfernte er mit Steinschlägen dieses »Mitbringsel« und ward nie mehr in der Oberlausitz gesehen. Einige Wochen danach fanden Kinder beim Holzlesen unter einem morschen Baumstumpf die zerschlagene Fußangel samt einem Stück Kette. Ein Gasthaus in Obergurig soll diesen Fund als Besucherattraktion noch viele Jahre aufbewahrt haben.

Zwischen Ebendörfel und dem Waldrand steht ein Kriegerdenkmal von 1914/1918 mit zweisprachigen Texten. Es beweist, daß damals rund um den Berg die sorbische Sprache noch beheimatet war. Der Hauptgedenkstein ist ein 75 Dezitonnen schwerer Granitfindling, der ursprünglich zwischen Wilthen und Tautewalde lag. Um ihn hierher zu bringen und aufzustellen, waren acht Pferde und vierzig starke Männer nötig.

Viele Wege führen kreuz und quer, über und um den Berg, der 1404 Troyenberg, 1471 Tronberg, später Thronberg hieß. Im Winter kann auf seinen Hängen gerodelt und Ski gefahren werden. Bänke, von einem Heimatfreund gebaut und aufgestellt, laden zum Verweilen ein.

In Bautzen nannte man das vor Jahren gebaute Hotel und Café am Wendischen Graben »Lubin«, vom sorbischen Namen des Berges abgeleitet, so daß er doch noch indirekt mit Bautzen verbunden ist.

20

DER SCHMORITZ
Žmórc

Zwischen dem Siebenhügelweg auf der Strecke Binnewitz – Kleinkunitz und dem Gerichts- oder Marktweg (im
Sorbischen »němska šćežka«, also Deutscher Steig genannt)
von Mehltheuer nach der »Roten Schenke« steigt aus einem
Waldmassiv nahe Bautzen der oder die Schmoritz (412 m)
auf. In den letzten Jahren hat sich der männliche Artikel
mehr und mehr eingebürgert.

Der Berg ist nur 20 Meter niedriger als sein etwas größerer
Bruder, der Drohmberg. Auch auf der Landkarte erscheinen
sie als Zwillingsberge, nur durch den Wanderweg getrennt.
Beide wurden über Millionen Jahre durch geologische und
klimatische Einflüsse zu einer Brotlaibgestalt geformt. Den
Schmoritz können wir vom Osten oder Westen her besteigen.
Dabei kommen wir durch Laub- und Nadelwald.

1584 kaufte der Rat der Stadt Bautzen den Schmorz, wie
der Berg damals hieß, als Ersatz für den im Pönfall vom böhmischen König konfiszierten Drohmberg. Die Wälder wurden seither intensiv genutzt. Unser Aufstieg zum Gipfel erfolgt rechtwinklig zu den oben genannten Wanderwegen und
dauert nur 20 bis 30 Minuten.

Zunächst schauen wir vom Schmoritz zum Czorneboh
hinüber. Dabei werfen wir auch einen Blick in das Rachlauer
Tal, in dem eine kleine Talsperre liegt. Wir sehen die Landeskrone bei Görlitz, die Königshainer Berge, Bautzens Neu-
bauviertel und dahinter das Heideland.

Auf einem bemoosten Granodioritfels, der am Gipfel zutage tritt, ruhen wir aus und erblicken den Teil eines Stein-
walles. Ihn besichtigen wir näher. Er liegt auf der südlichen

Gipfelseite, ist etwa 180 Meter lang und hat die Form einer Sichel. Sein Anfang ist an einen Felsen angelehnt. Er besteht aus angehäuften Steinen, die mit Lehm abgedichtet sind. Das Areal, das er einschließt, macht etwa einen halben Hektar aus. Wir finden eine mit Laub fast zugewehte Wasserstelle, die in den Fels gehauen wurde. Das haben Menschen getan, zumal sie rechteckig ist. An manchen Stellen scheint der Wall zu enden, doch finden wir ihn bald wieder, allerdings stark verwachsen.

Dieser Berg hat in der frühen touristischen Literatur der Oberlausitz und in wissenschaftlichen Arbeiten zu vielen Irrdeutungen und Gelehrtenstreits um das persönliche Prestige geführt. Am Schmoritz sollten Illyrer, Kelten und weniger bekannte Völker oder Stämme gelebt haben. Halten wir uns an Tatsachen. In den Jahren 1904 bis 1906 fanden am Gipfel im Wallbereich Ausgrabungen statt. Gefunden wurden Holzkohlenreste, Eisenschlacken, Schmelztiegelreste und Keramik. Auch die erwähnte Zisterne wurde untersucht. Einige Funde wiesen in die Bronze- und Früheisenzeit, andere waren slawisch, und auch mittelalterliche Gegenstände wurden geborgen.

Im Jahre 1977 untersuchten Bezirksbodendenkmalpfleger Reinhard Speer und sein Fachkollege Harald Quitzsch etwa 100 Steinhügel auf dem Berg. Sie sind etwa einen halben bis einen Meter hoch, aber zwei bis acht Meter breit. Sie enthalten keine Grabbeigaben. Es sind lediglich Steine angehäuft. Diese Hügel sind weiter nichts als Abfallhaufen, die alle bewachsen sind.

Es ist früher niemandem eingefallen, auf den Berghängen zu säubern. Die Lösung des Rätsels ist verblüffend einfach, und Reinhard Speer und sein Kollege fanden sie: Man hat dort nach passenden Mühlsteinen gesucht und die zu kleinen, zu großen sowie unförmigen Steine zusammengeworfen. Gemeint sind Mühlsteine für Handreibe- oder Handdrehmühlen. Da die allerersten Wassermühlen bei uns im 13. und 14. Jahrhundert gebaut wurden, muß die Mühlsteinsuche auf dem Schmoritz bereits vor dieser Zeit erfolgt sein.

Auch die Eisenschlacken, Scherben und Tierknochen verweisen in das 10. bis 12. Jahrhundert.

Die Schlacken lassen erkennen, daß hier oben Schmieden bestanden und die erwähnte Zisterne zum Härten der vorgerichteten Werkzeuge diente und nicht zum Stillen des Durstes. Als Krönung fand man sogar einen in drei Teile zerbrochenen Mühlstein einer slawischen Drehmühle von 64 cm Durchmesser. Es wurden früher also bei uns Mühlsteine aus Granit verwendet. Ein weiterer Beweis dafür ist die nur unweit vom Schmoritz liegende Gemeinde Sornßig. Der Name dieses 1225 Surnzic und um 1400 Ssornesik genannten Ortes leitet sich vom altsorbischen »žornoséky« (Mühlsteinhauer oder -brecher) ab. »Žorn« ist der Mühlstein, und »sěkati« bedeutet hauen.

Natürlich hat die Mühlsteinherstellung nicht nur einem Ort oder wenigen Dörfern gedient. Man darf annehmen, daß diese Steine weit in die berge- und felsenlosen Heidegebiete »exportiert« wurden. Wenn am Schmoritz auch vieles geklärt wurde, so bleibt doch noch die Frage offen, von wem und wozu der Wall erbaut wurde. Das können nicht nur wenige Spezialisten getan haben, sondern das kann nur das Werk vieler Menschen sein.

Nun gehen wir auf der sich fast einen Kilometer ausbreitenden Gipfelfläche in Ostsüdost-Richtung hinüber zum Schmoritz-Ausläufer Schafberg (380 m). Zunächst stoßen wir rechts an ein verfallenes Gemäuer. Es sind die Reste einer etwa 1830 errichteten Holländerwindmühle, die trotz günstiger Lage recht kümmerlich den jeweiligen Windmüller ernährte. Nachweisbar haben sich von der Mitte des vergangenen Jahrhunderts bis zu ihrem Abriß in noch nicht einmal vierzig Jahren 16 Müller an ihr versucht.

Nun verlassen wir den Wald und nähern uns der »Roten Schenke«, einem vielbesuchten Touristenziel. Schon vor den Freiheitskriegen, im Jahre 1809 erbaut, nannte man sie Schaf- oder Lämmerschenke, weil auf den hinter ihr liegenden Hängen Schafe gehütet wurden. Ab 1859 nannte man die Gaststätte allgemein »Rote Schänke«.

Der Name der »Roten Schenke«, an der wir auf dem Heimweg vom Schmoritz vorbeikommen, hängt wahrscheinlich mit den Kämpfen am 20. und 21. Mai 1813 zusammen, die Napoleon mit den Verbündeten führte und bei denen die Höhen um Mehltheuer Nebenkampfgebiet waren. In diesem schweren Ringen sei das Blut der Verwundeten zur Haustür der Schenke hineingelaufen und habe den Fußboden rot gefärbt. Es ist anzunehmen, daß der Name eher daher stammt, daß in der Schenke ein Verbandsplatz war.

Nun gehen wir in nördlicher Richtung zum Dorf Mehltheuer, eben auf dem Gerichts- und Marktweg, der einst von Bautzen über Cunewalde ins Zittauer Becken, in den böhmischen Gau Zagost führte. Er war auch später noch die kürzeste Straße zwischen der alten Hauptstadt Budissin und der Sechsstadt Zittau.

21

DER HERRNSBERG

Zwischen zwei Bergzügen, Drohmberg-Hochstein im Norden und Kälbersteine-Kötzschauer Berg im Süden, liegt wie in einer Zange der nur wenig bekannte und besuchte Herrnsberg (400 m). Er ragt aus den Talweitungen zwischen Cunewalde und dem Großpostwitzer Tal heraus und bietet nach vielen Seiten schöne Aussichten.

Erst fahren wir mit dem Bus bis Pielitz. Das Kraftfahrzeug zu benutzen ist ungünstig, weil wir am Ende unserer Bergwanderung nicht nach diesem Ort zurückkehren. Wir gehen in südliche Richtung und erfreuen uns dabei schöner Bergansichten. Halblinks ragt der Czorneboh (561 m) auf, rechts der Schafberg (380 m), an dessen Fuß die »Rote Schenke« steht. Wir schauen auch in das Rachlauer Tal, aus dem das vor einigen Jahren errichtete Staubecken silbern zu uns heraufglänzt. Aus ihm werden die umliegenden Fluren bewässert, aber es schützt auch tiefer liegende Gebiete am Albrechtsbach vor Überschwemmungen.

Nun steigt die Schönberger Paßstraße an und führt uns bald in Windungen durch den Wald. Wir kommen an der Einmündung eines sehr schönen Wanderweges zum Döhlener Berg und Czorneboh vorbei. Wenn wir den Zenit des Schönberger Passes überschritten haben, lichtet sich bald der Wald. Hier haben wir eine wundervolle Sicht auf das kesselartige Schönberger Tal, vor allem aber auf den halbrechts aufragenden Herrnsberg. Im Weiterschreiten erblicken wir in östlicher Richtung am Hang eine neue Bungalowsiedlung.

Bald erreichen wir den eigentlichen Ort, der erstmals 1317 als »Schoneberch« genannt wird. Besonders fruchtbaren Boden besitzen seine Fluren nicht, da sie aus einer eiszeitlichen Schotterfläche bestehen. Dadurch sind nur flachgründige, steinige Böden vorhanden. Schönbergs Bevölkerungstendenz war oftmals rückläufig. Eine spürbare Verbesserung der Erwerbsmöglichkeiten versprach man sich von den im 19. Jahrhundert angelegten Steinbrüchen. Weil aber die später errichtete Cunewalder Bahnstrecke den Ort nicht berührte, wurden auch die Steinbrüche unrentabel und nach und nach bis auf Reste stillgelegt. 1942 schloß man sogar die kleine Schule. Jetzt besuchen die Kinder die Oberschule in Cunewalde.

Uns fällt auf, daß in den Gärten häufig Wacholder wächst. Er war früher in den umliegenden Wäldern heimisch. Viele Feriengäste fühlen sich im Ort sehr wohl, denn sie befinden sich in einem der idyllischsten Winkel des Landschaftsschutzgebietes Lausitzer Bergland.

Nun streben wir in westlicher Richtung auf einem der Wege den Herrnsberg hinauf. Schon sehen wir ein Einzelgehöft, das den Namen Ritterburg trägt, obwohl hier nie ein Feudalherr sein Domizil hatte. Vielmehr hieß der Besitzer so. Am Berghang lag in der Zeit des Dreißigjährigen Krieges der Pestfriedhof, den man später nach einem Einwohner Eiselts Kirchhof nannte.

Der Herrnsberg besteht aus Granodiorit, jedoch auf dem Gipfel befinden sich auch Doleritgänge. Über den Berg verläuft von Nord nach Süd die Grenze zwischen den Kreisen Bautzen und Löbau. Sie ist historisch entstanden, denn einstmals teilten sich die feudalen Grundherrschaften von Crostau (Bautzen) und Weigsdorf (Löbau) die großen Waldungen am Herrnsberg. Ein westlicher Teilgipfel nennt sich Hromadnik (377 m). Sein Name wiederholt sich am Döhlener Berg. Dieser sorbische Name hat aber hier am Herrnsberg nichts mit Versammlungsort zu tun, sondern bedeutet, daß der Berg früheren Ansiedlern gemeinsam gehörte.

Vorherrschende Baumart ist die Fichte. Nur in den Gipfellagen ragen auch Rotbuchen auf. In dieser Einsamkeit hatte ich ein schönes Erlebnis. Ich konnte geraume Zeit zusehen,

wie ein Dachs mit seinen Jungen spielte. Am Berg traf ich
zufällig einen Leipziger Pilzforscher, der nur deshalb hier-
hergekommen war, weil er als Pilzrarität den Elfenbeinröhr-
ling finden wollte. Von ihm erfuhr ich, daß der Pilz mit der
Weymouthskiefer aus Nordamerika zu uns eingewandert sei
und seines Wissens nur am Herrnsberg im Oberlausitzer Gebiet zu finden ist. Dieser Pilz wurde aber leider schon über
30 Jahre nicht mehr gefunden.

Nach einer Gipfelrast gehen wir auf Waldpfaden in westliche Richtung und stoßen auf einen schönen Waldweg, der
uns hangabwärts bald nach Obereulowitz bringt, das von drei
Seiten von Wald eingeschlossen ist. Wir streben aber nicht
gleich dem Ort zu, sondern gehen am Waldrand links entlang, wo neben hohen Bäumen meist Baumstammstapel liegen, worauf wir uns ausruhen können. Über Bergweiden blikken wir auf die wenigen Häuschen. Das Dörfchen ist auf
mittelalterlichem Waldaushieb entstanden und liegt rund
70 m höher als das eigentliche Eulowitz.

Diese Waldsiedlung wurde erst 1750 erstmals genannt.
Mitte des vorigen Jahrhunderts dokumentierte sich die Ar-
mut noch in dem sorbischen Ortsnamen Pakosnice, was einerseits die Bedeutung »Dorf mit elenden Hütten«, aber
auch »Diebsdorf« hatte. Die soziale Lage besserte sich etwas,
als Obereulowitzer Männer in den um Cosul entstehenden
Steinbrüchen arbeiten konnten.

Nun durchschreiten wir den Waldweiler und streben im
rechten Winkel nordwärts auf einem ausgeschilderten Wanderweg Cosul zu. Er führt bergauf und bergab und fast immer durch Wald. Cosul ist einer der südlichsten von Sorben
gegründeten Orte im Gebirgsland. 1404 wird es erstmalig als
Cosela genannt. Der Name bedeutet so viel wie abseits gelegene Siedlung. Schöne Blicke bieten sich nach dem Großpostwitzer Tal und seinen dahinterliegenden Bergen an. Wir
kehren in der Gaststätte »Zur Linde« ein.

Zum letzten Teil unserer Bergwanderung müssen wir uns
entscheiden: Entweder gehen wir auf der Straße nach Großpostwitz oder auf schmalen Wegen durch das Tal des Cosu-

ler Baches, wo sich uns viele Naturschönheiten offenbaren. Etwa dort, wo die Schönberger Straße in Cosul einmündet, fließt gegenüber der Bach, auf dessen Uferpfaden wir nun entlangschlendern. In dem durch Wiesen rinnenden Oberlauf ist der Bach noch sauber. Nun kommen wir an Stege, die von Großpostwitzer Heimat- und Naturfreunden gebaut wurden. Vielartig werden die Bäume, Sträucher und andere Pflanzen, Erlen, Weiden, Linden, Ahorn, Eichen begleiten uns, an den Hängen stehen Birken und Haselnußsträucher, Ulmen und Farne.

22

DER CZORNEBOH

Čornobóh

Etwa in der Mitte der Lausitzer Granitmasse, der größten von Mitteleuropa, liegt der 561 Meter hohe Czorneboh. Er zählt zu den sechs höchsten Bergen der Oberlausitz und ist die höchste Erhebung des nördlichsten Gebirgszuges. Diese mehrgipfelige Bergkette dehnt sich fast in Ost-West-Richtung etwa 12 Kilometer aus. Sieht man den Czorneboh von Norden, etwa von der Bundesstraße 6, so ragt er recht steil aus seiner Umgebung hervor, teilweise mit Hängen bis 25 Grad Steigung. Er zählt zu den meistbesuchten Bergen.

Durch seine schönen Bergwälder führen von Wuischke und Cunewalde aus Fahrstraßen, aber auch abwechslungsreiche Wanderwege zum Gipfel und zur 1984 renovierten Bergbaude mit Aussichtsturm. Aus westlicher Richtung führt eine zwar längere, aber dennoch beliebte Wanderstrecke von der Schönberger Paßstraße über den Döhlener Berg hinauf. Von Löbau oder von Bahnhof Kleindehsa aus kommt man über Hochstein, Steinberg und Ziegelberg ebenfalls zum Ziel.

Beide Strecken sind reine Kammwanderungen; denn vom schmalen Kamm fallen nach Nord und Süd steile Abhänge hinab. Oben verläuft auch der 340 Kilometer lange Hauptwanderweg von Greiz nach Görlitz. Niemand braucht erschöpft am Gipfel anzukommen. So beträgt die Entfernung von Obercunewalde nur zwei Kilometer bei 270 Meter Höhenunterschied.

Zunächst sehen wir uns die Gipfelklippen an, die so ausgewittert sind, daß sie sogar große Durchblicke ermöglichen, weil aus dem vorherrschenden Zweiglimmergranodiorit ältere Grauwackereste erodierten. So liegt etwa einen Kilometer westwärts des Gipfels auf einem Bergsattel Richtung Cunewalder Weg, links vor der Kreuzung, ein Felsen mit kreisrunder Vertiefung. Diese ist immer mit Wasser gefüllt, wird Opferbecken oder auch Teufelswaschbecken genannt, sie mißt etwa 75 Zentimeter im Durchmesser und ist 30 Zentimter tief. Die kleine ovale Auswitterung daneben ist das Seifennäpfchen. Am Gipfel gibt es ferner das Teufelsfenster in etwa drei Meter Höhe.

Dabei fällt uns die Frage nach dem Bergnamen ein, zumal es jenseits der Cunewalder Talwanne den Bieleboh gibt. Es sind jetzt über 200 Jahre her, daß in einem Buch von Gottlob Anton, Mitglied der ehemaligen Oberlausitzischen Gesellschaft der Wissenschaften zu Görlitz, 1783 erstmals der Name »Chernebog« geschrieben stand. Was wurde diesem Berg nicht alles nachgesagt! Der Hauptsitz des Schwarzen Gottes der Sorben sollte er gewesen sein, die Klippen seien Reste ehemaliger Altäre, es hätten große Opferhandlungen für den Schwarzen Gott, so heißt die deutsche Übersetzung von Czorneboh, auf dem Gipfel stattgefunden.

Erst in unserer Zeit hat sich durch die Forschungsarbeiten von Erwin Wienecke (1927) und Professor Paul Nedo (1963/64) ergeben, daß durch solche mythologischen Übertreibungen ein völlig falsches Bild entstand. 1437 nannte man den Berg in damaliger Sprache sinngemäß »Gebirge oberhalb Meschwitz«, 1543 Finsterwald, auch Exanberg und Frageberg. In den Ratsakten Bautzens schrieb man ab 1571 Schleifenberg. Noch 1894 und auf einer tschechischen Karte sogar 1912 wurde er so genannt.

Der um 1600 verwendete Name »Schlefbergk« ist von dem Stämmeherabschleifen nach dem Holzeinschlag abgeleitet. Einige Historiker und Sprachforscher wiesen nach, daß der jetzige Name Czorneboh von »Čorny bok«, was schwarze Seite (Bergseite) bedeutet, stammt. Ab 1713 häufiger benutzt, wurde der heutige Name zwischen 1780 und 1817, in der Zeit der Romantik, allgemein gebräuchlich. Doch war dieser Name nicht einhellig: 1791 Czornebok, 1797 Czornebog, 1817 Zschornabogk, 1823 Czernebog, 1833 Zschernabog und 1841 Tschernybog.

Der Czorneboh, auf dem noch um 1920 die Stadt Bautzen 1 136 Hektar Wald besaß, ist Ort einer Pioniertat. Er erhielt als erster Berg des Lausitzer Berglandes einen gemauerten Aussichtsturm. Initiator war der städtische Oberförster Karl Friedrich Franz Walde, der mehrfach, erstmalig im Februar 1850, beim Stadtrat zu Bautzen den Bau eines Aussichtsturmes und gleichzeitig eine öffentliche Geldsammlung beantragte. Sie erbrachte 470 Taler, 9 Neugroschen und 5 Pfennige. Eine Gedenkmünze, heute eine Rarität für Numismatiker, wurde herausgegeben. Auf ihr stand: »Waldesdunkel und Sonnenlicht, reine Bergluft und ferne Sicht, Lausitzer Herzen, gemütlich und froh – solche Schätze birgt Czorneboh«.

Besonders der städtische Oberförster Walde propagierte den Namen Czorneboh, um den Berg publik zu machen und viele Interessenten für sein Vorhaben, einen Aussichtsturm zu bauen, zu gewinnen. Schließlich konnte man am 12. August 1850 den Grundstein legen. Am 17. und 18. Mai 1851 wurde der Bergturm, zu dessen oberster Plattform 90 Stufen führten, feierlich eingeweiht.

Der Rat der Stadt hatte sich nicht nur mit 250 Talern beteiligt, sondern spendete auch eine eiserne Turmtür aus einem alten Sparkassengewölbe sowie ein eisernes Gitter aus dem Ratssaal. Der 23 Meter hohe Turm kostete 1 152 Taler, 27 Neugroschen und 7 Pfennige. Oberförster Walde setzte eigenes Geld zu, aber die Lücke zwischen Sammlerergebnis und Kosten wurde schon in kürzester Zeit durch den Verkauf von Eintrittskarten gefüllt. Jeder Besucher zahlte 10 Pfennige.

Noch gab es keine Bergbaude. Der Wirt hatte im Turm einen Raum, über dem sich ein Fremdenzimmer mit Spitzbogenfenster und Farbglasscheiben befand. Verkauft wurden Bier, Branntwein, Butterbrot und Käse.

Der Turmentwurf stammte vom Bautzener Architekten Johann Traugott Hobjan. Die Bauarbeiten leitete Maurermeister Karl Traugott Eichler aus Lauba. Gemauert hat ein Karl Jeremias, gezimmert Traugott Große, junge Handwerker, die beide 50 Jahre später der Jubelfeier am 25. September 1901 als Ehrengäste beiwohnten. Der Graveur, der auf der Turmkrone die Richtungspfeile, Entfernungen und Namen einschnitt, war der Löbauer Arthur Böhme, der bei dem Bautzener Graveurmeister Zeitzmann arbeitete.

Der erste Wirt der am 30. Mai 1852 eröffneten Berggaststätte hieß Brühl und stammte aus Schönbach. 1869, 1882, 1899, 1932 und schließlich 1984 wurde die Bergbaude erweitert bzw. restauriert. Das Wasser zum Bau wurde noch aus Cunewalde heraufgeholt. Das Trinkwasser gewann man aus einem Born etwa eine Viertelstunde vom Turm entfernt. Schließlich konnte das Trinkwasser aus einem Gipfelbrunnen, der 1856 fertig wurde, herangefahren werden.

Nach dem ersten Weltkrieg erhielt der Turm 1921 wegen der schon zu großen Bäume einen 12 Meter hohen hölzernen Aufsatz, der jedoch durch Unvorsichtigkeit kurz vor Weihnachten 1944 abbrannte, später aber wieder erneuert wurde.

Schon kurz nach dem Turmbau wurde es Mode, den Czorneboh zu besteigen. Bereits im ersten Jahr zählte man 7000 Besucher, darunter Gäste aus Afrika. Sie alle genossen die umfassende Rundsicht. Am nördlichen Horizont sehen wir heute hinter den weiten Heidewäldern die Schornsteine des Hoyerswerda – Senftenberger Kohle- und Energiereviers. Wir blicken zum Zittauer Gebirge, Iser- und Riesengebirge, zu den Gipfeln Jeschken, Valtenberg, Hoher Schneeberg und zum Osterzgebirge.

921 Blickpunkte ermittelte der eifrige Czornebohbesucher und ehemalige Bautzener Rechtsanwalt Stephan und ließ sie in vier Bronzeplatten der Turmkrone einschneiden. Stephan hat den Czorneboh über 3000mal bestiegen. Zählt man seine Wanderungen zusammen, so hat er insgesamt 60 000 Kilometer zurückgelegt. Er starb am 30. Mai 1888. Ein Jahr später errichteten Bergfreunde ihm einen Syenitgedenkstein. Aber 1932 wurde eine der Bronzeplatten gestoh-

len. Der Dieb wollte daraus Falschgeld herstellen. Nach drei Jahren konnte er gefaßt werden.

Wenn wir heute ganz ruhig und an der richtigen Stelle sind, entdecken wir vielleicht Mufflons, die hier wie in den Königshainer Bergen und im Luchsenburgwald ausgesetzt wurden. Sie haben sich nach Auskunft der Förster aus den Revieren Wuischke, Lehn und Cosul eingelebt. Der botanisch Interessierte findet in feuchten Spalten inmitten der Blockmeere das Leuchtmoos, das hier vorkommt.

In gemütlichen geschmackvollen Räumen und Zimmern der Baude kann man sich wohl fühlen. Für Bergbesucher stehen seit 1984 in zwei Gasträumen im rustikalen Charakter rund 78 Plätze bereit.

Rekonstruktionsarbeiten sind am Aussichtsturm 1984 ebenfalls ausgeführt worden, so daß man einen weiten Blick in die Oberlausitz werfen kann.

23

DER HOCHSTEIN UND DIE BERGKETTE

Wer die Czorneboh-Bergkette in beeindruckender Gesamt-
länge – etwa 12 km – am allerschönsten sehen will, der be-
gibt sich nach dem kleinen Ort Kötzschau im östlichen Teil
des Cunewalder Tales. Zu deutsch übersetzt heißt dieser sorbische Ortsname Katzendorf. Wir steigen allmählich zum
westlichsten Haus hinauf, vor dem ein uralter Nußbaum
steht, wie man ihn ganz selten sieht. Von dort gehen wir über
eine Viehweide in südöstlicher Richtung nach dem Waldrand des 467 m hohen Berges, den wir aber heute nicht besteigen. Nach etwa 200 m kommen wir an den Waldrand, wo
wir zerbrochene Mauern eines ehemaligen Steinbruchbetrie-
bes erkennen. Nun haben wir die prächtigste Aussicht auf
den im Norden aufragenden Gebirgszug. Er setzt sich aus einigen Bergen zusammen. Außer dem Czorneboh, den wir bereits besuchten, sollen die Berge, die wir vom Kötzschauer
Berg so beeindruckend und prachtvoll sahen, als Kammwanderung unser heutiges Ziel sein. Wir nehmen uns dazu einen
ganzen Tag Zeit.

Um nichts zu versäumen, beginnen wir im Westen an der
Paßstraße, die nach Schönberg führt. Von Bautzen aus ist
jene Paßstraße über Mehltheuer und Pielitz rasch zu erreichen. Wir gehen oder fahren aber nicht hinauf zum Paßsat-
tel, sondern nur bis etwa 100 m darunter. Links findet sich
inmitten von Jungfichten ein Platz zum Parken. Hinter dem
Holzstapelplatz auf einer Waldeinbuchtung beginnt der
schöne Fußweg, der uns zum ersten Berggipfel bringen soll.
Wir gehen südöstlich. Inmitten von Fichtenhochwald erblik-
ken wir an den Wegseiten, verwittert und bemoost, große be-

hauene Steine. Das sind alte Hinterlassenschaften früherer Steinbrecher, die für ein paar Pfennige diese Schwerstarbeit an oberflächlich liegenden Steinen bei jedem Wetter auf diesen Berghängen ausführen mußten.

Wenn wir zur Stellen kommen, wo es aussicht, als machten die Jungbirken eine tiefe Verbeugung – fast halbkreisartig haben Stürme sie herabgebogen –, so sind wir schon beinahe am Gipfel. Bald ragen Felsklippen imposant auf, es scheint, als stünden wir vor einer Burgmauer, die Riesen errichteten. Manche Felsen sehen wie gigantische Lokomotiven aus.

Wir befinden uns nun auf dem Döhlener Berg oder – aus dem Sorbischen stammend – auf dem Hromadnik, 514 m hoch. Der deutsche Name stammt vom nordwestlich liegenden Dorf Döhlen, 1416 erstmalig als Delin erwähnt. Der sorbische Name bedeutet Versammlungsort, den wir uns gut vorstellen können. Dieser Gelände- und Flurname kommt nach dem sorbischen Forscher Prof. Mucke etwa 16mal im sorbischen Sprachraum vor. Früher nannte man den Berg auch Pielitzer oder Rachlauer Berg nach zwei unweit liegenden Dörfern. Die hier aufragenden Felsklippen unterscheiden sich von denen auf dem benachbarten Czorneboh, denn sie sind wollsackartig geformt. Als westlichster Vorposten dieses Gebirgszuges fängt er auch viel Regen ab und ist deshalb quellreich. Weil hier die allerschönsten Kletterfelsen des Lausitzer Berglandes stehen, kraxeln auch wir hinauf, was ohne Anstrengungen möglich ist. Am nördlichsten Felsen bietet sich eine herrliche Fernsicht über den Drohmberg, zum Schmoritz, nach Mehltheuer und Bautzen. Schließlich stehen wir auch auf dem südlichen, dem höchsten Felsen, von wo wir zum Bieleboh und tief ins Cunewalder Tal blicken. Danach klettern wir auf die östlichste Felsklippe. Von hier, aus einem ganz anderen Blickwinkel, wie ihn leider nur wenige kennen, sieht der Czornebohturm wie eine alte Ritterburg aus.

Leider wird der Döhlener Berg nur wenig besucht, sehr zu Unrecht, denn wer köstliche Erholungsstunden in tiefer Waldeinsamkeit erleben will, der folge uns hier herauf. Die Gipfelplatten sind so groß, daß darauf Großfamilien Platz finden. Der Freund der Vogelwelt kann von den Klippen den Buchfink, die Tannen- und Haubenmeise, den Eichelhäher und Schwarzspecht, verschiedene Arten Bussarde, den Habicht und andere Kleinvögel beobachten.

Nun gehen wir weiter ostwärts. Wo sich der Berg etwas herabsenkt, überqueren wir den Verbindungsweg zwischen Rachlau und Cunewalde. Danach geht es wieder aufwärts, und wir kommen auf das Gipfelplateau des Czornebohs, das wir aus einer früheren Wanderung bereits kennen. Verspüren wir Durst und Hunger, so kehren wir in der Baude ein, denn auf den anderen auf unserer Kammwanderung noch zu besuchenden Bergen gibt es keine Gaststätte.

Zu unserem Weitermarsch wählen wir den sogenannten Löbauer Weg, der zum Ziegelberg (458 m) führt, ihn nicht überquert, sondern nur am nördlichen Gipfelrand streift. Die Namensherkunft des Ziegelberges ist unbekannt. Ich fand trotz vielen Suchens keinerlei Belege. Interessant für den Geologiefreund ist der Bergsattel – der tiefste im gesamten Gebirgszug –, wo die Fahrstraße von Wuischke nach Cunewalde führt. Östlich von ihr liegt der 495 m hohe Steinberg. Die Nordseite der Straße heißt Ziegelbergweg, die Südseite Sornßiger Weg. Hier hat, ebenso wie zwischen Mönchswalder Berg und Teufelskanzel, der erste Vorstoß des nordischen Eises den Gebirgsrücken überquert und seine aus dem Norden stammenden Ablagerungen hinterlassen. Der Ziegelberg hat am Südhang ein großes, etwa in 420 m Höhe liegendes Blockmeer. An einem warmen Sommertag sah ich hier mehrere Smaragdeidechsen, die sich auf den großen Steinen wärmten und besonnen ließen. So viele dieser Überlebenden aus der Urzeit, stammverwandt mit den Saurierechsen, habe ich auf keinem anderen Berg gesehen. Kurz vor dem Ziegelberg führt nach Südosten hinab in Richtung Bahnhof Halbau der Wilhelm-von-Polenz-Weg. Es war der Lieblingsweg des in Cunewalde beheimateten und im Bautzener Krankenhaus verstorbenen Dichters W. v. Polenz (1861–1903). Sein

1895 erschienener Roman »Der Büttnerbauer« ist außer Lessings Werken der einzige bisherige literarische Niederschlag in deutscher Sprache aus der Oberlausitz, der in die Weltliteratur eingegangen ist. Polenz' Heimatgemeinde hat ihm am Gebirgsfuß ein würdiges Denkmal errichtet.

Wieder sind wir unterwegs. An gleicher Stelle, wo der zuletzt genannte Weg abzweigt, beginnt der oben am Kamm weiterlaufende Kammweg, der uns zum Steinberg (495 m) bringt. Wenn wir durch die unberührte Natur gehen, uns am schönen Fichtenforst erfreuen, aber auch an den mit Flechten bedeckten Steinen der Blockmeere, an Rotbuchen, Ebereschen und Linden, können wir verstehen, daß der gesamte Kammweg »Der Oberlausitzer Rennsteig« genannt wird. Wir biegen nicht rechts und nicht links ab und nähern uns so auf romantischem Weg unserem Endziel, dem Hochstein (542 m). Jetzt sehen wir zunächst nach unten zum nordöstlich liegenden Kuppritzer Berg (504 m), zum Richters Berg (456 m) und zum Schafberg (418 m) bei Großdehsa, die gemeinsam einen kleineren vorgelagerten Gebirgszug bilden. Nun am Hochstein stehend, befinden wir uns wieder auf historischem Boden. Von Bautzen verlief nach dem böhmischen Gau Zagost, südlich um Zittau, ein Weg, der auch hier vorbeikam. Die Felstürme, die wir zuerst sehen, bestehen aus Zweiglimmergranodiorit und wurden von der Natur geformt. Der Hochstein ist auch ein Oberlausitzer Kulturdenkmal, denn man findet auf diesem Berg Reste mittelalterlicher Befestigungsanlagen. Noch heute entdecken wir etwa 65 m lange Steingründungen. Eine Überlieferung besagt, daß hier oben einst eine Wach- und Fanalstation gewesen sei, die später verlassen wurde. Hinterher hätten sich lichtscheue Raubgesellen dieser wehrhaften Anlage bemächtigt. Besonders Löbau hätte durch sie stark gelitten. In einem stark bewaffneten Strafzug hätten abgesandte Kämpfer des Löbauer Rates die Räuber überwältigt und getötet. Gleich an Ort und Stelle wären sie verscharrt worden. Eigenartiger Weise wird der Hochstein noch heute im Sorbischen »Rubježny hród«, d. h. Räuberburg, genannt. So friedlich, wie uns alles hier erscheint, war es also nicht immer, was auch durch reale historische Fakten unterstrichen werden kann. Wie bekannt, gab es am 14. Oktober 1758 im und beim nahen Ort Hochkirch zwischen dem Preußenkönig Friedrich II. (37 000 Mann) und den Österreichern unter Feldmarschall Daun (78 000 Mann) die Schlacht bei Hochkirch. Für den österreichischen Überraschungsangriff am frühen Morgen wurde auch ein seither so genannter Kriegsweg am südlichen Hochsteinhang benutzt, um rasch Truppen über die Gebirgszone zu bringen. Pferde und teilweise auch die Mannschaften hatten die Hufe und Füße mit Lappen zum geräuscharmen Übergang umwickelt. Ein anderer Weg unseres jetzigen Wandergebietes nennt sich Panduren-Weg nach einer österreichischen Spezialtruppe. Die Preußen erlitten eine furchtbare Niederlage mit 9 000 Mann Verlust, darunter zwei Heerführer, Generalfeldmarschall Keith und Prinz Franz von Braunschweig.

24

DER VALTENBERG

Sokolnik

Von allen Seiten führen Touristenwege und vorbildliche Markierungen hinauf zum Gipfel des höchsten Berges des Lausitzer Berglandes, zum Valtenberg (589 m). Ihn überquert auch der Hauptwanderweg Wernigerode – Zittau mit seinem Wegzeichen »Blauer Strich«. Kein Geringerer als der durch seine Schriften und Vorträge zum Entdecker der Sächsischen Schweiz gewordene Magister Leberecht Götzinger wies schon vor 200 Jahren, 1786 und 1804, mit Begeisterung auf die Vorzüge dieses Berges hin, obwohl er nicht zu seinem eigentlichen Forschungs- und Beschreibungsgebiet gehörte.

Vom Bahnhof Neukirch-West führt ein schmaler, steiler Pfad zum Gipfel. Von der Gaststätte »Georgenbad« Neukirch geht es gemächlicher in südlicher und dann auf der breiten Waldstraße, die vom Davidsberg kommt, im rechten Winkel in westlicher Richtung bergaufwärts. Am meisten wird der Valtenberg jedoch von der Straße Steinigtwolmsdorf – Hohwald – Neustadt aufgesucht. Die auf der höchsten Stelle eines Bergsattels in etwa 500 m Höhe stehende Hohwaldschänke hat gegenüber einen kleinen Parkplatz, und zwischen ihr und der Jagdbaude beginnt der durch viele Wegzeichen gekennzeichnete Aufstieg. Wir gehen hier durch das etwa 40 km^2 bedeckende Waldmassiv der Oberlausitz.

Zu Götzingers Zeit bestiegen nur einzelne den Gipfel, meist aus Neugierde, aber alle waren fasziniert von der Aussicht. Allerdings mußte man durchs Baumgewirr einen Ausblick suchen. Jüngere bestiegen eine an der Westseite des

Gipfels aufragende Buche, von wo sich herrliche Weitblicke ergaben. Bald gab es den allgemeinen Wunsch, am Berg möglichst ein Holzgerüst aufzustellen, um auch den weniger Rüstigen und vor allem Frauen ebenfalls ohne Baumkletterei Aussichten zu ermöglichen. Im Winter 1855 fanden sich einige Männer zusammen und faßten den Beschluß, einen Aussichtsturm, den dritten in der Oberlausitz, zu erbauen, was bei allen Berg- und Heimatfreunden lebhafte Zustimmung fand. Zur Finanzierung wurden Anteilscheine im Wert von einem Taler herausgegeben. 1 800 Taler konnten gesammelt werden. Der Gipfelbesitzer, ein Baron von Oppen-Huldenberg auf Neukirch, stellte das Baugelände unter Vorbehalt des Eigentumsrechts kostenlos zur Verfügung. Die Grundsteinlegung erfolgte in feierlicher Form am 14. April 1856. Bereits am 17. September endete der Turmbau, der mit quadratischer Grundfläche und 127 Stufen für 1 775 Taler »in Accord« gegeben war. Über dem Treppenaufgang an der Ostseite wurde ein gußeisernes Medaillon zu Ehren des Königs, ferner ein Wappen derer von Oppen-Huldenberg und eine Steinplatte mit den Namen der Erbauer, Bauführer I. Bachmann, G. Wobst, G. Richter und I. Richter, angebracht. Der Baumeister war der Langburkersdorfer Marx. Die Turmeinweihung fand allerdings erst am 1. Juli 1857 unter zahlreicher Beteiligung statt. Zwanzig Schritte östlich des 22 Meter hohen Turmes hatte man ein hölzernes Unterkunftshäuschen errichtet, das aber durch Brandstiftung am 19. April 1859 niederbrannte. Nun baute man ein massives Berghaus, eine Küche und drei Stuben enthaltend. Beim 1860 erwähnten Brunnenbau, der kaum Wasser ergab, war ein Wünschelrutengänger beteiligt. Alle Besucher waren von der Aussicht, die der Turm bot, hellauf begeistert und stimmten Götzingers Meinung zu, der die überblickte Landfläche 400 Quadratmeilen groß, also größer als der damalige Freistaat Sachsen, einschätzte. Leider hatte man beim Turmbau die Steine eines frühgeschichtlichen, am Gipfel liegenden Ringwalls verwendet, der dadurch zerstört und für die Wissenschaft verloren war. Markscheider

Oeder, der im Geheimauftrag des sächsischen Königs eine Spezialkarte Sachsens anfertigte, hat ihn 1586 kurz beschrieben, und der bekannte seinerzeitige Neukircher Heimatforscher Dr. Pilk hat ihn auf einem aus dem Jahre 1758 stammenden Situationsplan des Neukircher Patrimonialgerichtes eingezeichnet gefunden. Der Blick vom Turm, auf dem auch ein Stein »Station Valtenberg der mitteleuropäischen Gradmessung Königreich Sachsen 1864« steht, bietet eine herrliche Fernsicht. Zur Orientierung nun ein paar Entfernungen. Bis zur Schneekoppe überfliegt unser Blick 110 km, zur Tafelfichte 72, zum Milleschauer 65, zum Collmberg vor Leipzig sind es 100 km. Der Valtenberg ist ein Granitberg.

Nach unserer fast verwirrenden Rundschau begeben wir uns in die Bergbaude, deren Kapazität 80 Plätze beträgt. Ihre Vorläuferin sah Jahrzehnte die Bergwirtsfamilie Wenzel, die am 28. Februar 1951 das Niederbrennen der Gast- und Wohnräume erleben mußte. Eis, Schnee und Wassermangel machten damals das Eingreifen der Feuerwehr unmöglich. Bestrebungen, die Baude, wenn auch in primitivster Form, wieder aufzubauen, verliefen im Sande. Man hatte damals in den schweren Nachkriegsjahren andere, wichtigere Sorgen. Notdürftig hatte man eine Zeitlang im Erdgeschoß eine höchst unzulängliche Einkehrmöglichkeit geschaffen. »Wie lange bleibt der Valtenberg verwaist?« heißt es in einem damaligen Zeitungsartikel. Am 1. Juli 1977 ging der Wunsch vieler Valtenberg-Verehrer in Erfüllung. Durch tatkräftige Bürger in Neukirch, durch die örtlichen, aber auch kreislichen Organe wurde vortrefflich geplant und schön gebaut. Durch einen Vorraum kommt man in die mit Bauernmöbeln ausgestattete Schankstube, auch die Theke trägt rustikalen Charakter, wie auch die dahinter liegenden Gasträume. Die Decke des zweiten Raumes wird von einem Baumstamm gestützt, holzgetäfelt sind Wände und Decken. Ihn ihm befinden sich an den Wänden wertvolle große Keramikteller, deren reliefartige Gestaltung Valtenbergsagen zum Inhalt haben. Ein danebenliegendes kleines Zimmer ist das Jagdzimmer.

100

Auf der Gipfelfläche steht auch ein kleines Wohnhaus. Auch im Winter herrscht hier Hochbetrieb, zumal der Gipfel oft im allerschönsten dicken Rauhreif sich zeigt, ein Wintermärchen, während die tiefer gelegenen Nachbarberge grün bleiben. Im Sommer aber entzückt uns nicht nur der weite Mischwald mit verschiedenartigem Unterholz, sondern auch 60 Arten Moose und 15 Farnarten (!) sowie weite Flächen von weißem und rotem Fingerhut.

Nun zum Bergnamen: Er wandelte sich oft und ist bis heute nicht restlos geklärt. Sein allerältester deutscher Name ist Isinberg, was Eisenberg heißt, aber sich nicht auf eventuelle Eisenerze im Berg, sondern auf das Raseneisenerz in den einstmals sumpfigen Auen zu Füßen des Berges bezieht. Dann folgt die Bezeichnung Valandineberg, Valentinsberg, Falckenberg (1752, 1789), Valtenberg. Der Sage nach hätten sich zwei Brüder, ein Valto oder Valten oder Valentin, der auf dem heute besuchten Berg eine Burg gehabt habe, sowie ein Ruprecht, der bei den Rupprechtshäusern unterm Hohen Hahn gewohnt habe, wegen einer Jungfrau bekämpft. Vom ersteren stamme der Bergname. Auch von einer Valtenmühle, die am Bergfuß einmal stand, sei der Name abgeleitet. Doch diese ist, wie erforscht, erst nach 1800 erbaut und kann somit nicht namensgebend gewesen sein. Eine Deutung sagt, einst hätten die Sorben auf dem Berg eine Opferstätte mit einer Göttin gehabt, und nach der Christianisierung sei diese verteufelt und als mittelhochdeutsch »valandinne« (Teufelin) bezeichnet worden, woher der Name sich ableite. Dies sind nur die wichtigsten Erklärungsversuche. Gesichert, aber auch älter ist der sorbische Name »Wjazońska hora«, was Berg der Wesenitz oder Neukircher Berg (Neukirch, sorb. Wjazońca, d. h. Siedlung um Ulmenbach) bedeutet.

Die Quelle – die schönste der Oberlausitz – dieses Baches und des späteren 50 km langen Flüßchens Wesenitz finden wir talabwärts in Richtung Hohwald linker Hand. Sie entspringt in 510 m Höhe, im »Valentin Erbstollen«, einem Goldbergwerk, das 1752–1756 in Betrieb war. Auch dies ist eine Einmaligkeit auf Bergen. Wie erfrischend prickelnd ist dieses Quellwasser, selbst noch Hunderte Meter entfernt im schmalen, aber schon relativ tiefen Bett des Bächleins. Sechzig Meter tief ging der Stollen in den Berg hinein. In der Nähe von Pirna mündet die Wesenitz in die Elbe. Um 1800 hatten Neustädter den Stollen wieder geöffnet, sie fanden jedoch nur Fahrdielung und altes Werkzeug. Noch im 18.Jahrhundert fing man in der Wesenitz Lachse; um 1910 noch Forellen, Weißfische und Barsche.

Über den Goldbergbau im Valtenberggebiet könnte man wirklich ein dickes Buch schreiben. Bergleute aus dem Erzgebirge, Einheimische, aber auch die Welschen, die Walen aus Italien, speziell aus Venedig, gruben hier nach Gold und Silber, erstmals datiert im Jahre 1333. Bis in das 18.Jahrhundert hinein war hier fast 500 Jahre »Goldgräberromantik«. Am Nordhang entstanden 40 Gold- und Silbergruben und -wäschen, auch »Seifen« genannt. Selbst Adlige beteiligten sich mit viel Geld am Erwerb sogenannter »Kuxen«. Aber allesamt, auch der böhmische König, hoben hier keine Schätze. 1966 wurde von namhaften Geologen und Regionalforschern in einer Facharbeitstagung in Neukirch, am Fuße des Valtenberges liegend, festgestellt, daß geologische Forschungen in den letzten 80 Jahren keinerlei Goldvorkommen aufschlossen. Noch in unserer Zeit wollte ein Neukircher Lehrer 30 Goldkörner mit einer Pinzette aus dem Bett des Goldflüßchens, einem mageren Rinnsal, gehoben haben, 26 davon seien echtes Gold gewesen. Ich selbst habe mit Fachkundigen mehrfach das Wässerchen abgesucht, vergebens!

Anfang der sechziger Jahre soll eine in Neukirch auf Urlaub weilende Dresdner Lehrerin auf den Steinhalden verfallener Stollenmundlöcher ein faustgroßes Stück Golderz gefunden haben. Man hat niemals wieder etwas darüber in Erfahrung bringen können.

Erhalten hat sich auch die Überlieferung, wonach ein Bauer Protze in Berthelsdorf durch den Krieg 1813 verarmt sei und sich der Einladung erinnerte, die ein Venezianer

1810–1812 ihm gegenüber ausgesprochen hatte, ihn in der Lagunenstadt zu besuchen. Der Bauer sei in einem Palazzo mit glänzendster Ausstattung empfangen worden, und der Besitzer, sein ehemaliger Gast, habe ihm berichtet, daß sein Reichtum aus dem Sand stamme, den er am Valtenberg ergraben und auf des Bauers Ofen getrocknet habe. Reich beschenkt kehrte der Bauer heim, seine Not hatte ein Ende.

Das »Goldgeschrey vom Valtenberg« erklang einst durch ganz Europa und lockte Glücksritter und Abenteurer aus mehreren Ländern, vor allem aus Italien, Frankreich und Spanien ins Valtenberggebiet. Auch die Markgrafen von Meißen und die Landgrafen von Thüringen ließen sich mit »fündigem Gelände« vom Kaiser belehnen. Aber auch wirkliche Schätze hat man im Valtenberggebiet gefunden. So barg man am Teilberg Linzberg 40 Silbermünzen aus dem 16. Jahrhundert, während man 1919 in der Nähe der Hohwaldschänke 32 Taler aus dem 17./18. Jahrhundert barg.

Verlassen wir die Zeit des Aberglaubens, der Mythen und bewußter Irreführungen aus hintergründigen Absichten, und erfreuen wir uns lieber an den schönen Dingen von heute. Steigen wir hinab zum ehemaligen Forsthaus »Klunker«, das in einem wildromantischen Tal liegt. Das war die Westseite, aber auch gen Norden gibt es viel Schönes zu sehen. Durch unermüdlichen Arbeitseinsatz von freiwilligen Helfern aus Neukirch entstand 1964 bis 1966 im Valtental der sogenannte Valtental-Stausee. Ein See liegt hier zwar nicht, aber ein schöner länglicher Teich zwischen hohen, alten Buchenhügeln. Hier kann man Kahn fahren, sich auf der Baudenterrasse sonnen, verköstigen, an manchen Tagen auch das Tanzbein schwingen. Ganz herrlich ist es hier bei Laubfärbung! Nach Südost gehend, kommen wir am vielbesuchten Valtental-Café vorbei, einem gemütlichen Nachmittagsaufenthalt. Nun gehen wir durch den Bahnviadukt, kommen an den linker Hand und am Fuße des Davidberges stehenden Erholungsheimen vorbei, und bald taucht das Georgenbad auf. Hier ist zwar kein Kurbad mehr, wie einst, jedoch eine auch als Ferienheim genutzte Gaststätte, direkt am Waldrand liegend. Südlich geht überdies die angenehmste Aufsteigstraße zum Valtenberggipfel, nur wenige Meter entfernt, in den Forst hinein.

Aber auch an der Südseite des Valtenberges gibt es Interessantes zu sehen. Da ist zunächst die schon erwähnte Hohwaldbaude, die vor wenigen Jahren noch ein Jagdhaus dazu erhielt. Einstmals war es sehr einsam hier oben. Ursprung der Gaststätte war ein Forsthaus, schon vor 1872 erbaut. 1893 kam ein neuer Bewohner. Der Mann ging in den Wald arbeiten, die Frau besorgte einen kleinen Garten und hat Vorbeikommende, meist Fuhrleute, einfach beköstigt.

Es trafen sich hier, dich an der ehemaligen deutsch-österreichischen Grenze, Pascher, Zollbeamte, Fuhrknechte, Jäger, Waldarbeiter, Räuber und andere, so daß der Mann bald die Waldarbeit aufgab, auch die Landwirtschaft, und aus dem Forsthaus eine Waldschenke wurde. Hier war gewissermaßen Niemandsland, der Zöllner tat dem Pascher nichts und umgekehrt. Sie spielten tagelang Skat, auch der Wirt, der ein großer Pfeifenliebhaber war und sieben Lieblingspfeifen hatte. Nach dem zweiten Weltkrieg wurde die Jagdhütte erbaut. Noch weiter gen Süden, direkt an der Staatsgrenze zur ČSFR, steht inmitten von Wald ein Komplex hoher, aber stilgerechter Häuser, die große Heilstätte Hohwald, erbaut 1904 bis 1907. Interessant die gepflegten Freiflächen. Die Grenzsteine stehen an einem Bach im Wechsel auf unserer, dann auf tschechischer Seite.

Dieser Berg bietet vieles, vor allem aber ist er verkehrstechnisch gut erschlossen, wie die vielen Besucher besonders an den Wochenenden beweisen. Wegen seiner Größe ist das Waldgebiet jedoch nicht überlaufen, vielmehr findet man – vor allem im Klunkertal – Waldgebiete, wohin tagelang niemand kommt.

25

DER GOLDBERG

Jetzt ist das größte Waldgebiet der Oberlausitz Wanderziel, besonders der Goldberg (435 m) zwischen Steinigtwolmsdorf und dem Hohwald. Unser Aufstiegspunkt ist in Steinigtwolmsdorf der Platz vor dem uralten Gasthaus »Erbgericht«. Dort beginnt eine steile Strecke in westlicher Richtung. Unterwegs, an der linker Hand liegenden Schule vorbeikommend, erinnern wir uns, daß dieses Dorf eine Rodungsinsel ist, es »viel Steine gab und wenig Brot«, wie der Ortsname verrät, und daß hier montanes Klima mit nur sieben Grad im Jahresmittel vorherrscht. Bereits im 16. Jahrhundert mußten die Einwohner Leinwand weben, um am Leben zu bleiben. Der im Hohwald gebrochene Lamprophyr wird im Dorf zu Grabsteinen verarbeitet.

Wo die Straße wieder flacher wird, grüßt uns rechts ein idealer und idyllischer Aussichtspunkt, die weitbekannten Sieben Linden. Hier lag schon in sehr alter Zeit ein Rastplatz der Fuhrleute, wo sie ihre ermüdeten Pferde ausruhen ließen. Auch wir steigen neben der Straße zu dem von sieben stämmigen Linden umrandeten erhöhten Rastplatz auf und lassen uns auf den Steinbänken nieder. Weit reicht die Sicht hinab ins Tal nach Ringenhain, auf die Hänge bei Weifa und natürlich zurück in das von uns durchschrittene Dorf.

Der Name Sieben Linden hat dreierlei Auslegungen: Einstmals soll sich auf der 453 m hohen Anhöhe ein hölzernes feudales Lustschloß mit sieben Ecken befunden haben, und an jeder Ecke mußte jede der sieben Töchter des Feudalherren eine Linde pflanzen. Die zweite Überlieferungsvariante berichtet nur von den Töchtern, doch die Heimatforscher neigen mehr zur dritten Auslegung, wonach die noch sehr gesunden und unter Denkmalschutz stehenden Linden als Dank für das Ende des Siebenjährigen Krieges, als Erinnerungsbäume für die Nachwelt gepflanzt wurden.

Wir gehen die B 98 weiter und nähern uns bald dem alten Straßengasthof »Waldhaus«, einem einzeln stehenden Gebäude. Wer mit dem Fahrzeug bis hierher gefahren ist, findet gegenüber der Gaststätte einen von Bäumen beschatteten Parkplatz. Wir verlassen die Straße und gehen neben dem »Waldhaus« auf einem über Wiesen führenden Weg in nördliche Richtung, also im rechten Winkel zur Straße. Wir stoßen bald auf einen in den Wald hineinführenden, sich abwärts windenden Pfad, und nach einem halben Kilometer – vom »Waldhaus« gerechnet – stehen wir vor den ehemaligen Goldgruben am Goldberg.

Während des gesamten Mittelalters wurde am Goldberg unentwegt nach Gold gegraben. Es gab die Bergwerke »Neue Welt« (1561), »Engel Gabriel« (1606) und »Erbstollen« (1749). Danach haben sogar erfahrene Bergleute aus Freiberg bis 1787 nach Gold gegraben. Der Steinigtwolmsdorfer Feudalherr von Starschedel hatte im Goldbergbau soviel Geld investiert, daß er bankrott ging. Auch die vom böhmischen König geschickten Bergleute, die viel weiter westlich Neustadt gründeten, hatten ebensowenig Erfolg.

Auch in jüngster Zeit gab es immer wieder Gerüchte über Goldfunde. 1956 wurde dann auf einer Versammlung namhafter Geologen und Heimatforscher in Neukirch eindeutig geklärt, daß in den hier liegenden Wäldern nie Gold gefunden wurde. Der Name Goldberg aber blieb. Was immer wieder Anlaß zur Suche war, ist die Tatsache, daß hier ein breiter Quarzgang an die Oberfläche stößt, und bekanntlich sind in Quarzvorkommen anderer Länder oft Goldadern entdeckt worden.

Geologisch bietet der Goldberg dennoch eine Besonderheit. Nach starkem Regen und bei südwestlichem Sonneneinfall durch die hier stehenden hohen Fichten glitzert der Waldboden, als hätte man säckeweise Flitter ausgestreut.

Dieser Effekt stammt von aber Tausenden kleinen und kleinsten Quarzkristallsplittern. Es ist wie in einem Wundermärchen. Da wir uns auf einem Bergbauschutzgebiet befinden, ist jegliche Entnahme der oft sogar mehrere Zentimeter langen und fingerstarken wasserhellen Quarzkristalle strikt verboten.

Von hier stammten die vielen absolut klaren, geschliffenen Quarzkristalle, die den wertvollen Schmuck einer Feudalfrau auf Schloß Teichnitz darstellten. Sie ließ sich aus diesen einheimischen Oberlausitzer Kristallen Diadem, Halskette, Armband, Finger- und Ohrringe anfertigen.

Die vielen, vielen Goldgräber konnten keine Reichtümer in den Wäldern rund um den Goldberg finden. Dennoch seien der Überlieferung nach dreimal »Schätze« gehoben worden. In den Zeiten, wo es noch keine Sparkassen und Banken gab, haben vermögende Leute aus Angst vor Diebstahl, Kriegen, Brand usw. ihre Münzen und Edelmetalle an abgeschiedenen Plätzen vergraben und die Umgebung zum Wiederauffinden mit nur ihnen bekannten Zeichen versehen. Anfang des vergangenen Jahrhunderts wurde beispielsweise beim Stöckeroden zufällig ein solcher Schatz gefunden.

Wir gehen einige hundert Meter nach Nordwesten, damit wir an die junge Wesenitz kommen. Ihr Wasser, nicht weit von der Quelle entfernt, ist prickelnd und wunderbar kalt, auch im Sommer. Es gibt nicht viele Stellen, wo man so köstliches Quellwasser trinken kann.

DIE WEIFAER HÖHE

Diese schöne Bergwanderung könnte man »zum Himmel und zur Hölle« nennen. Sie führt von Neuschirgiswalde über die Weifaer Höhe (505 m) und den Dahrener Berg (491 m) nach Weifa. Für viele Bergfreunde ist dieses Berggebiet schon zur Stammroute geworden.

Von Bautzen aus fahren wir über Schirgiswalde bis nach Neuschirgiswalde. Schon auf den ersten Blick auf das Dörfchen, das von drei Seiten vom Wald eingeschlossen ist, kann man sich in den Ort verlieben. Verstreut liegen die kleinen Häuschen, darunter viele Umgebindehäuser, in der Quellmulde des Pilke-Bächleins; ein idealer Erholungsort. Auf ehemaligen Bergwiesen wurden großflächige Obstplantagen angelegt, und es ist ein Erlebnis, wenn man im Frühling die tausenfache Baumblüte sieht.

Das Dörfchen ist eine Spätgründung des böhmischen Feudallherrn Otto von Ottenfeld im Jahre 1660. Einst völlig abgelegen und zur Republik Schirgiswalde (1809–1845) gehörig, war es die relativ gefahrlose Bleibe für den Böhmischen Wenzel (Wenzel Kummer, 1765–1820), einen gefürchteten Oberlausitzer Räuberhauptmann. Die jetzige Gaststätte »Frische Quelle«, 1865 erbaut, war nicht, wie vielfach noch angenommen wird, sein Hauptquartier. Das befand sich etwa dort, wo jetzt ein kleiner Teich ist. Mauerreste des abgebrannten Gasthauses wurden gefunden. Als man Wenzel einst fangen wollte, durchsuchte man das ganze Haus. Er aber lag am Dachfirst, konnte an dem düsteren Abend nicht gesehen und deshalb auch nicht ergriffen werden. Die beste Übersicht über das Dörfchen haben wir, wenn wir hinter dem westlichsten Häuschen links bergauf gehen und von dort zurückblicken.

Von Neuschirgiswalde aus gehen wir durch Wald, zunächst auf einem Weg, später auf der Staße, in Richtung Weifa. Bald erreichen wir eine große Freifläche, die uns schon weit blicken läßt. Doch wir wollen noch höher. Von einem am Straßenrand einzeln stehenden Baum steigen wir rechts hinauf zur Weifaer Höhe (505 m). Am Waldrand angekommen, wenden wir uns halblinks.

Auf dem Gipfel sehen wir ein umfriedetes Grundstück, auf dem eine der schönsten Berggaststätten der Oberlausitz steht, die 1927 gebaute Schurig-Baude. Leider können hier Wanderer nicht einkehren.

Um die wundervolle Fernsicht genießen zu können, setzen wir uns an einer etwa 50 Meter abwärts liegenden Reihe von Eschen auf einen Lesesteinrücken. Ganz weit im Osten liegen die Gipfel des Isergebirges, der Jeschken, das Zittauer Gebirge mit der Lausche. Wir haben Mühe, die vielen böhmischen Berge zu unterscheiden. Unter weitgespanntem Himmel ragen das Kreibitzer Bergland, der Pirsken, der Rosenberg, der Tanzplan und schließlich der Hohe Schneeberg empor. Halbrechts steigt der Valtenberg auf, fast greifbar nahe. Bei guter Sicht ist auch der langgezogene Kamm des Erzgebirges zu sehen.

Tief unter uns liegt die Hölle, ein Tal zwischen der Weifaer Höhe und den gegenüberliegenden Bergen bei Wehrsdorf. Die Hölle (abgeleitet von Hohle) nimmt die Rinnsale von den Bergen auf, bis sie zum »Waldwasser« werden. Hier liegen schöne Skiabfahrten. Weifaer Bauern empfinden dieses Tal bei schwerer Arbeit in heißen Sommern wirklich als Hölle, weil sich die Hitze lagert und kein Lüftchen Kühlung bringt.

Die Weifaer Höhe ist in den letzten Jahren immer mehr zum Picknickplatz geworden. Wenn es in den Bergen schon kühl ist, strahlt die Sonne hier oben noch warm, weil die Berghänge sehr steil zum Sonnenstand geneigt sind. Hier lassen sich prachtvolle Fernsicht, Sonnenwärme, reine Luft und vollkommene Stille genießen.

Wir gehen nordwestlich weiter zum Dahrener Berg (492 m). Er heißt so, obwohl das Dorf Dahren weitab in der Nähe von Göda liegt. Um in dem waldarmen Lößgebiet Holz zu haben, erwarb das Rittergut Dahren diese Bergwälder. Jetzt gehören die Forsten dem Domstift zu Bautzen.

Wir wandern bis zum nördlichen Hang, der fast 200 Meter steil in die Wilthener und Tautewalder Talwanne hinabfällt. Dann wenden wir uns nach links und wählen den Weg an Brüchen von Lamprophyrgestein vorbei in Richtung Weifa. Unterwegs freuen wir uns über die mächtigen alten Rotbuchen. Wir brauchen nicht weit hinabzusteigen, nur 50 Meter, und schon haben wir eine herrliche Fernsicht nach Süden, bevor wir nach dem rund 450 Meter hoch liegenden Ort Weifa kommen.

Ungefähr 60, meist an der Wetterseite geschieferte, gut erhaltene Umgebindehäuser erfreuen uns ebenso wie die Sommer- und Winterlinden und alte Bergulmen. Alles ist sehr sauber, die Straßen, Gärten, Häuser und Zäune. Die Schule am Dorfplatz feierte 1984 ihr hundertjähriges Bestehen.

1469 wurde »zur Weife« erstmalig in einem Bautzener Gerichtsbuch erwähnt. Später hieß der Ort »Uff die Weiffe« (1475), und noch heute nennt ihn der Volksmund Weefe. Der Name ist von einem Handwerksgerät der Weber abgeleitet, der zum Abmessen und Aufwickeln notwendigen Weife. Da hier oben die Landwirtschaft nicht allzu ertragreich war, webten die Einwohner. Dadurch konnte sich der Ort schon 1606 für 3 000 Gulden aus der Fron von Siegmund von Haugwitz teilweise und 1661 für 2 200 Taler von Hans Heinrich von Nostitz völlig freikaufen, was damals sehr selten war.

Schöne Weifaer Gaststätten laden zum Ausruhen ein. Vor der »Kastanie« stehen wirklich zwei dickstämmige Bäume dieser Art. Im vorderen Gastzimmer mit niedriger Holzdecke hängen geschnitzte Lampen mit Volkskunstmotiven. Wir bewundern die Borde mit Zinngeschirr und Porzellan. Durch die kleinen Fenster scheint die Sonne.

Kein Wunder, daß in dieser Landschaft und dem reizvollen Dorf mit seinen arbeitsamen Menschen Dichter angeregt wurden. In der urwüchsigen und bildhaften Mundart des Weifaer Dialekts entstanden durch Gustav Wolf (1896–1942), einen Weifaer Studienrat an der Bautzener Landständischen Oberschule, Mundartgedichte wie die »Weefener Woare« (1937). Auch Karl Gude (1904–1955) dichtete in dieser Mundart.

Freunde der Tierwelt wird es interessieren, daß 1925 auf der Weifaer Höhe, die von Einheimischen oft auch »die Heyde« genannt wird, ein weißer Fasan, ein Albino, geschossen wurde. Diese Trophäe, eine europäische Rarität, hat im Schaufenster der früheren Bautzener Büchsenmacherei Specht auf der jetzigen Kurt-Pchalek-Straße viel Aufsehen erregt. Kein zweites Tier dieser Art ist jemals wieder in der Oberlausitz gesichtet worden.

27

ZWISCHEN GRENZBAUDE
UND HOHBERG

Für die heutige Dreiberge-Wanderung lassen wir unser
Kraftfahrzeug zu Hause, denn wir kommen zu unserem Ausgangspunkt nicht zurück. Die Strecke zwischen Grenzbaude-
Funkenburg-Hohberg ist unsere Wanderroute. Sie mißt etwa
8 km und ist deshalb von jedem Wanderer im Normalschritt
in zwei bis zweieinhalb Stunden mühelos zu bewältigen. Wir
fahren mit der Autobuslinie Bautzen – Sohland – Wehrsdorf
bis zur Station Sohland Oberdorf. Nach dem Aussteigen
bleiben wir auf der Hauptstraße und gehen in südwestlicher
Richtung nach dem Ortsteil Neudorf. Linkerhand und südlich liegt ein bergiges Waldgebiet, der »Schwarze Busch«, bei
Wintersportlern sehr beliebt. Sohland und Umgebung ist
eines der schneesichersten Gebiete des Lausitzer Berglandes,
des Kreises Bautzen. Hier wird schon seit Jahrzehnten Wintersport betrieben. Hauptsportzentrum wurde in den letzten
Jahren die westlich liegende Tännicht-Schanze und die dortigen Pisten.

Nun durchschreiten wir bereits Sohland-Neudorf. Neudör-
fer gibt es in der Oberlausitz recht zahlreich. Uns fallen
schöne Umgebindehäuser auf, etwa 60 in diesem Dorf Sohland sind denkmalgeschützt. Der Ortsteil Neudorf ist ein
Höhenort, denn er liegt ungefähr 400 m hoch. Unterwegs bieten sich schon schöne Fernsichten an, doch wir wollen noch
höher hinauf. Ab 1691 setzte hier oben die Bebauung ein,
das Land besaß vorher der Gutsherr Christoph Abraham von
der Sahla. Zu den Ansiedlern gehörten auch Exulanten,
ihres Glaubens wegen aus Böhmen kommende Protestanten.
Sie kamen nicht von weit her, sie überschritten nur die

112

Grenze. Sie stammten aus Schirgiswalde, das damals zu Böhmen gehörte, und aus dem nahen Hainspach. Der Name Neudorf wurde 1695 festgelegt. Hier an der Grenze zur ČSFR stehen wir auch an der Trennlinie zweier geologischer Formationen. Wir stehen auf Granit, während auf tschechischer Seite Basalt- und Phonolithkegel romantisch und steil aufragen.

Nachdem wir fast bis zum westlichen Ortsende gegangen sind, steigen wir im rechten Winkel ziemlich steil hinauf zur Höhe Grenzbaude (469 m). Am südlichen Waldrand stehen mehrere Ruhebänke, die auch wir nun nötig haben, um zu verpusten. Jedes Mal, wenn ich hier oben war, waren sie fast immer besetzt, weil viele Urlauber und Wanderer die herrliche Aussicht genießen wollten. Ausgeruht gehen wir in den lichten Wald hinein und schon stehen wir vor dem Turm und der eigentlichen »Grenzbaude«, einer Gaststätte. Wir blicken zum Aussichtsturm hinauf, der im Jahre 1900 eingeweiht wurde. Es ist ein quadratischer Bau mit länglichen Fenstern, wie man sie sonst auf keinem Oberlausitzer Bergturm sieht. »Carl Arthur Zosel ließ im Jahre 1900 diesen Aussichtsturm errichten. Heimat- und Verkehrsverein Sohland« steht auf einer eingelassenen Platte an der Turmsüdwand. Leider ist der Turm nicht besteigbar. Als Ausgleich stärken wir uns in der ebenerdigen Gaststätte. Hier vorbei läuft der 695 km lange Hauptwanderweg vom thüringischen Mühlhausen bis Zittau. Sein Zeichen ist ein blauer Strich.

Schon mancher Besucher hat vergeblich nach dem eigentlichen Namen dieses Berges gefragt oder gesucht. Trotz Studiums mehrerer Landkarten, darunter recht alter, konnte ich nur ermitteln, daß man diesen Berg bis zum ersten Weltkrieg Prinz-Friedrich-August-Höhe nannte. Auch der Turm hatte den gleichen Namen, zumal er bei seiner Einweihung folgende Widmung erhielt: »Seiner königlichen Hoheit dem Prinzen Friedrich August Herzog von Sachsen ehrerbietigst gewidmet von den Besitzern 1900«. In der Weimarer Republik nannte man den Berg Sohländer Turm oder beschrieb ihn umständlich als Ausläufer oder Nebenberg des nordwestlich aufragenden Tännigt- oder Tännichtberges. Erst später setzte sich der Name »Grenzbaud« durch, obwohl sich dieser doch zunächst auf die Gaststätte, nicht aber auf den Berg bezog. Rund um die Bergbaulichkeiten stehen zahlreiche Wegweiser, die niemand übersehen kann und wo auch wir unsere Wanderung fortsetzen.

Unsere weitere Wanderung zur Funkenburg und zum Hohberg ist gänzlich nach Norden gerichtet. Wir kommen aus dem Wäldchen, das Baude und Turm umgibt, hinaus und betreten ein liebliches Tal.

Hier hat die Eiszeit ihre Spuren hinterlassen. Links begleitet uns eine Zeitlang der Wald des Tännicht-Berges (461 m), bis wir schließlich nach einem der Sohländer »fuffzehn Zippel«, nach Tännicht kommen, das früher Neu-Obersohland hieß. Hier hat ebenfalls ein von Sahla um 1800 ehemalige Gutsfluren als Bauparzellen verkauft. Im Weitergehen kommen wir erneut in einen anderen Ortsteil von Sohland, ebenfalls mit einem »Waldnamen« versehen, nämlich ins Pilzdörfel, das etwa um 1793 entstand und bis 1938 Neu-Mittelsohland hieß. Der jetzige Name gefällt uns besser. Wir gehen weiterhin geradeaus und erreichen die Fernverkehrsstraße B 98, die 1830 chaussiert wurde. Nun müssen wir gut aufpassen, damit wir sofort zunächst nach links, beim nächsten Weg jedoch nach rechts über die Chaussee auf den Weg kommen, der uns quer durchs Wehrsdorfer Mitteldorf hinan zu den Hängen führt, wo es zur Funkenburg geht. Hier müssen wir wegen vieler Ortswege Einheimische fragen. Über Wehrsdorf, wo 75 von ca. 100 Bauern- und Weberhäuschen unter Denkmalschutz stehen, wäre sehr viel zu sagen, doch dies müssen wir uns für ein anderes Mal vorbehalten. Jetzt steigen wir eine Anhöhe hinan, die gewissermaßen wie ein Balkon über Wehrsdorf liegt. Steintrümmerhalden tauchen nun auf, die ebenso wie ein wassergefüllter ehemaliger Steinbruch uns früheren lebhaften Steinabbau verraten. Schon Mitte des vorigen Jahrhunderts waren hier Steinbrecher am Werk, sogar ein Haus stand hier oben, das aber abbrannte, ebenso wie die später errichtete kleine Schenke, die

1897 ein Flammenopfer wurde. Später errichtete man hier 1929 erneut eine kleine Baude, die noch nach dem zweiten Weltkrieg in hübschen kleinen Räumen und auf der Terrasse Besucher zu Speis' und Trank aufnahm. Nun ist sie seit mehreren Jahren geschlossen, obwohl noch viele Wanderer hierher kommen, zumal eine schöne Sicht bis nach Böhmen hinein möglich ist. Auch hier ist der Name vom Entstehen her unklar. Der Name Funkenburg kann von der 1897 abgebrannten Baude stammen oder vom Humor der Steinbrecher, die hier oben bis 1915 Schwerstarbeit verrichteten. Vielfach haben Steinarbeiter auch anderen Orts ihre Steinbruchschmieden, in denen Werkzeug geglüht, bearbeitet und gehärtet wurde, Funkenburg genannt. Hier oben befinden wir uns in einer Höhe von 376 m.

Unser weiterer Weg führt auf einem Pfad durch lichte Büsche und allmählich steigen wir hinab in das Tal des Waldwassers. Dieses Bächlein fließt von den Weifaer Bergwiesen herunter. In diesem Tal herrscht im Sommer wie im Winter eine windgeschützte, paradiesische Ruhe. Verständlich, daß man hier fast immer, vor allem in den Morgen-, aber auch Abendstunden an den Waldrändern äsende Rehe beobachten kann. An diesem Tag kommen tagsüber viele Urlauber aus Schirgiswalde, Wehrsdorf und Weifa. Von keinem der genannten Orte ist es weit, so daß auch ältere Ferien- und Urlaubsgäste oder Rentner hierher erholsame Spaziergänge unternehmen können.

Auch wir gehen ca. 2,5 km südöstlich den Bach entlang. Dann aber müssen wir uns entscheiden: Entweder wir wollen zur Straße, die Wehrsdorf mit Schirgiswalde verbindet, oder wir steigen aus dem Tal direkt nach Norden irgendeinen Waldsteg zum Gipfel des Hohberges (418 m) empor. Wählen wir die erste Wegvariante, können wir getrost geradeaus weiterschlendern. Wir müssen aber aufpassen, wenn der Wald des Hohberges, der links von uns emporragt und an dessen Berglehnen wir nun entlang gehen, endet. Etwa 200 m hinter einem rechts an der Straße stehenden Häuschen geht es linkerhand empor, und wir kommen auf einen ebenfalls schönen Waldweg, den wir durch die vorhin genannte zweite Wegvariante ebenfalls erreichen. Hier sehen wir viele alte und schöne Lärchenbäume, zumeist aber Fichten, Rotbuchen und Kiefern. Bei den Einheimischen heißt dieser Bergwald Oberwald. Der Name stammt von einstigen Besitzverhältnissen, denn diese Waldflächen gehörten einst zum Schirgiswalder Oberhof. Auf alten Landkarten war der Berg als Hochberg verzeichnet, der Volksmund hat ihn zu Hohberg umgewandelt, bis dieser Name auch offiziell wurde. Von hier oben erhält Schirgiswalde viel gutes Trinkwasser.

Es ist eine Wohltat, auf den schmalen Waldwegen der nach Süden geneigten Hochfläche spazieren zu gehen. Dies erkannten auch zahlreiche Auswärtige, weshalb auf der Waldnordseite, an der Straße nach Neuschirgiswalde, ab 1962 eine Wochenendhaussiedlung mit kleinen Hütten erbaut wurde. Von hier hat man schöne Ausblicke von Süden auf das Bautzener Land mit mehreren Tälern. Als große Rarität zu vermerken ist, daß man im Jahre 1904 im Hohbergwald zwei weiße Rehe, also Albinos, erlegt hat, die ins Bischofswerdaer Museum kamen.

28

DER HORNSBERG

Für die Wanderung nach dem Hornsberg (402 m) benötigen wir nur einen Nachmittag. Zunächst fahren wir per Bahn, Bus oder PKW nach Sohland/Spree, das der bekannte Oberlausitzer Heimatdichter Hermann Klippel 1935 in seinem Gedicht »Doas große Durf« als »Durf mit fufzen Zippeln« bezeichnet hat. Deshalb fragen wir uns nach dem Ortsteil Hohberg durch, wie die im Rosenbachgebiet verstreuten Siedlungen dicht an der Staatsgrenze seit 1938 heißen. Die Einheimischen freilich nennen diesen Ortsteil Am Hubbrch oder die Hinterecke.

Wir fahren so nah wie möglich an den Rosenbach heran, am besten bis in die Nähe der großen Steinschleiferei. Sie hat sich aus der Buschmühle entwickelt, die 1627 erstmals urkundlich erwähnt wurde. 1887 wurde die Buschmühle stillgelegt, und Ernst Hantusch aus Oppach wandelte sie in die Steinschleiferei um. Zeitweise arbeiteten hier bis zu 130 Mann, darunter Steinmetzmeister und Bildhauer, deren Arbeiten bis nach England und Amerika gingen. Die Natursteine kommen jetzt meist vom Hohwald.

Am westlichsten Zaun des Betriebsgeländes gehen wir nach Süden und sehen am Buschrand ein paar Häuschen, zu denen eine Brücke über den Bach führt. Nun schwenken wir nach rechts ein und kommen durch eine kurze Lindenallee. Links schimmern durch das Buschwerk dunkle Geröllhalden, die Berglehnen des Hornsberges. Wir sind am Ziel.

Hier müssen wir besonders den Grenzverlauf beachten: Schräg über die Halden verläuft die Staatsgrenze zur ČSFR, wie die weißgetünchten Grenzsteine beweisen. Die Halden wurden einst durch schwere Arbeit aufgeschüttet. Vom Buschrand aus betrachten wir das Rosenbachtal. Dieser wasserreiche Bach kommt aus Böhmen. An seinen Ufern finden wir viele krautige Gewächse.

Der Berg wurde 1656 erstmals als Hornsenberg erwähnt. Der Name ist nicht von einem Felsenhorn abgeleitet, sondern von Hornse, was Hornisse bedeutet. Wahrscheinlich gab es einstmals viele dieser Insekten hier.

Im November 1900 ließ der Bauer und Gerbermeister August Herberg einen Brunnen graben. In drei bis acht Meter Tiefe stieß man auf ein schweres Gestein. Die Proben und auch Brunnenwasser wurden zur Untersuchung nach Freiberg geschickt. Bald kam Bergverwalter Schulze aus Oberschlema und bestimmte das Gestein als kupfer- und nickelhaltig. Gleichzeitig regte er an, das Gestein in Oberschlema zu verhütten. Genauere Untersuchungen in Freiberg und Wien bestätigten: Im Hornblendediabas des Berges befanden sich sechs Prozent Nickel und zwei Prozent Kupfer.

Professor Dr. Beck aus Freiberg riet dem Grundbesitzer Herberg, ein Bergwerk anzulegen. Nachdem ein Obersteiger als Leiter gewonnen wurde und die rechtlichen Fragen geklärt waren, begann der Abbau durch etwa 40 Arbeiter. Der Schacht des Bauern Herberg erhielt den Namen »Segen-Gottes-Schacht«. Das war 1901. Ein Jahr später hatten Herbergs Grundstücksnachbarn Hauptmann und Hantusch ebenfalls Erze entdeckt und einen »Hauptmann-Schacht« gegraben. 1902 gründeten die Grundbesitzer eine Handelsgesellschaft »Hauptmann, Herberg u. Co.«. 1903 begann man jenseits der damaligen Reichsgrenze auf böhmischem Boden einen weiteren Schacht anzulegen, der 1904 auf 70 Meter Tiefe vorgetrieben war.

Die anfängliche Begeisterung für den Bergbau schwand bald; denn zur intensiven Erzausbeute wäre viel Kapital notwendig gewesen, das keiner der Unternehmer hatte. Versuche, mit kapitalkräftigen Einzelpersonen oder Gesellschaften in das Geschäft zu kommen, scheiterten. Ihnen waren die Nickel- und Kupferanteile im Gestein zu niedrig. Der

Hornsberger Bergbau schlief ein, der »Herbergs-Schacht« wurde sogar wieder zugeschüttet.

Jahre vergingen. Erst als der erste Weltkrieg begonnen hatte und sich Rüstungskreise nach Inlandsrohstoffen umsahen, erlebte der Hornsberg die zweite Periode des Bergbaues. Bankier Bing aus Hamburg kaufte die Bergrechte der Handelsgesellschaft auf und erwarb auch den böhmischen Schacht. Der »Rosenhainer Schacht« wurde Förder-, der »Hauptmann-Schacht« Luftschacht. Bald bargen 120 Mann in drei Schichten hier Erze, täglich rund 60 Tonnen. Vom Sohländer Bahnhof wurden täglich drei Waggons nach Freiberg und Oberschlema gesandt.

Ab 1920 änderten sich die Besitzverhältnisse der Bergbaugesellschaft am Hornsberg bei Sohland. Die Schürfrechte wurden samt Ausrüstungen an die Joachimsthaler Gewerkschaft, Sitz Prag, verkauft. Wahrscheinlich hatte man eingesehen, daß der ausländischen Konkurrenz nicht Paroli geboten werden konnte. 1922 hat das Geologische Institut Göttingen das gesamte Hornsberggebiet untersucht und enttäuschende Ergebnisse erhalten. Ab 1923 wurde die Erzförderung wesentlich eingeschränkt und im Juni 1924 gänzlich eingestellt. Der Hornsberg blieb die einzige Stätte der Oberlausitz, an der in moderner Zeit Erz gewonnen wurde. Aus ihm wurden rund 350 Tonnen Nickel und 175 Tonnen Kupfer herausgeholt.

Wenn es heiß ist, lassen wir die Beine im kühlen Wasser des Rosenbaches baumeln und erfreuen uns an den vielartigen Düften der Blumen und Kräuter. Fast wäre durch dieses stille, wiesenreiche Tal eine Eisenbahn-Transitstrecke gebaut worden. Schon waren die Pläne für die kürzeste Verbindung zwischen Berlin und Wien ausgearbeitet. Geometer und Hilfspersonal steckten im Rosenbachtal die Trasse ab, sechs Kilometer zwischen dem Bahnhof Sohland und der böhmischen Grenze. Bautzen und Prag sollten die Hauptstationen auf dieser Strecke sein. Doch der damalige sächsische Generalstab hatte »strategische Einwände«. Die sächsische Regierung stellte an die Böhmische Nordbahn-Gesellschaft solche unerfüllbaren Forderungen, daß dieses Projekt in den Schubfächern verschwand.

Der zweite Ortsteil, der zu Füßen des Hornsberges liegt, heißt Carlsruhe nach dem Jäger und Heger Carl des Grafen zu Solms. Der Name ist seit 1788 amtlich.

Während des Rückweges oder der Rückfahrt können wir einen Abstecher auf den bewaldeten Hohberg (363 m) machen, von dem aus mehrere Sohländer Ortsteile zu sehen sind.

29

DER TAUBENBERG

Eines der schönsten Wanderziele im Lausitzer Bergland ist der Taubenberg (458 m) zwischen Taubenheim und der Staatsgrenze zur ČSFR. Unser Ausgangspunkt ist der Bahnübergang vor dem Ortsteil Grünhut, den man früher Kummerberg nannte. Immer steiler wird der asphaltierte Fahrweg, der stellenweise bis zu 25 Prozent steigt. Während einer Verschnaufpause blicken wir auf Taubenheim zurück und nach Norden auf den Wachtberg (364 m), den die Einwohner Wacheberg nennen. Dieser Name stammt aus der Kolonisationszeit, weil dort oben Wachposten zum Schutz der Siedler standen.

Wer bis zum Fuß des Taubenberges fahren will, muß rechtzeitig den ersten Gang einlegen. Hinter dem letzten Haus bietet sich rechts eine kleine ebene Fläche zum Parken an. Gegenüber liegt ein ehemaliger Steinbruch. Am Ende des Fahrweges schließt sich der Weg zum Berggipfel an. Nach etwa zwanzig Metern steht links unter einem Baum eine Bank, auf der wir ein wenig ausruhen.

Den grasbewachsenen Weg geht es aufwärts. Auf Schwartenbrettstücken an den Bäumen lesen wir »Kammweg«. Bald kommen wir durch Fichtenjung-, aber auch -hochwald zu einer Blöße, auf der wir uns im gestreckten Winkel links halten müssen. Geradeaus führt der Rundweg. Nach etwa zwanzig Minuten lichtet sich der Hochwald, und der Höhenrükken läßt uns nach Südwesten herrliche Fernblicke auf die böhmischen Berge und Täler erleben.

Zweihundert Meter weiter ist der Gipfel erreicht, auf dem eine Steinsäule »Station der königlich-sächsischen Triangu-

lierung« von 1864 steht. Halblinks erhebt sich eine Felsklippe, die Teufelskanzel. Nun können wir in südöstliche
Richtung ausblicken. Unweit von hier stand bis vor einigen
Jahren am Südostteil des Taubenberges die letzte wildwach-
sende Eibe des Kreises Bautzen. Leider hatte ein Specht in
ihren Stamm Löcher geschlagen, so daß sie abstarb.

Nun geht es abwärts. Schon merken wir, wie die Luft wegen der Lage am Südhang zusehends wärmer wird. Alte
Steinhalden türmen sich rechts auf, kaum erkennbar, weil
von Moos und Gräsern überwachsen. Jetzt müssen wir auf
dem nach rechts einbiegenden halbkreisartigen Weg bleiben,
damit wir nicht in einen alten Steinbruch rutschen. Bald stoßen wir auf eine befestigte Waldstraße. Wieder geht es rechts
weiter, und unterwegs sehen wir im Süden inmitten von
Hochwaldstämmen die gelben Schilder und weißen Steine
der Staatsgrenze.

Verschiedene Straucharten zeigen uns an, daß der Wald
zu Ende ist. Wir stehen vor einem riesigen Steinbruch. Er
heißt Schalenbruch und sieht wirklich wie eine gigantische
Muschelschale aus. Seine steil aufragende Nordwand hat die
Höhe eines vierstöckigen Hauses, während man im Süden zu
ebener Erde in ihn hineingehen kann. In drei Himmelsrichtungen von Felswänden eingeschlossen, ist er im Sommer
ein Hitzekessel, in dem ich einmal 42 Grad Celsius gemes-
sen habe, während die Wassertemperatur im nicht tiefen
Bruchgewässer 27 Grad Celsius betrug. Diese tropischen
Temperaturen sind kein Wunder; denn auch nachts strahlen
die senkrechten Bruchwände die tags gespeicherte Wärme
aus. Auf dem Gelände vor dem Bruch steht noch die Unter-
kunftshütte der Steinarbeiter.

Nun gehen wir etwa dreißig Meter westlich und haben
wieder eine wunderschöne Aussicht auf viele böhmische
Berge und Felder im Kreis Schluckenau. Unmittelbar hinter
der Grenze liegt eine tschechische Försterei. Nach weiteren
40 Metern gehen wir rechts in den niedrigen Wald hinein,
der etwas ansteigt. Bald stehen wir inmitten hoher und sehr
alter Buchen. Durch sie führt der schon erwähnte Rundweg,

auf dem wir solange bleiben, bis wir wieder jene kleine Waldblöße erreichen, zu der wir vom Kammweg aufgestiegen sind.

Der Name des Taubenberges hat nichts mit Haus- oder Wildtauben zu tun. Er ist erstmalig in einer Urkunde des Domstiftes in Bautzen 1345 als »Tubinheym« erwähnt und bezieht sich auf die Frau des Adligen Otto von Luttitz, eine Jutta de Tubinheym, die bei den Franziskanermönchen in Bautzen begraben wurde. Das Adelsgeschlecht derer von Luttitz hatte auch im Meißnischen Besitzungen. Es ist wahrscheinlich, daß von dort herbeigerufene Ansiedler, vielleicht sogar aus dem Ort Taubenheim bei Meißen, ihren alten Dorfnamen mitgebracht haben und später auch auf den Berg übertrugen. Mittelhochdeutsch heißt Taube »tube«.

Aus den Steinbrüchen hier holte man rostfreien Granodiorit und erstklassige Lamprophyre, besonders nach der Jahrhundertwende.

Der Taubenheimer Ortsteil Grünhut war eine Steinbrechersiedlung, am Bergnordhang des Taubenberges deshalb angelegt, weil ebener liegende Flächen schon vergeben waren und auch landwirtschaftlich genutzt wurden. Der Name Kummerberg entstand, weil die Parzellen winzig waren, die Arbeit schwer und gefährlich, der Verdienst karg war. Grünhut wurde erst etwa um 1800 besiedelt und ab Mitte des vorigen Jahrhunderts mit kleinen, paarweise angeordneten Häuschen besetzt.

In Taubenheim fallen die vielen Sonnenuhren auf. Die meisten sind das Werk des heimischen Grafikers Martin Hölzel.

Eine Einmaligkeit ist der Sechskinderstein, eine eingemauerte rechteckige Sandsteinplatte an der südlichen Kirchmauer. Das als Hochrelief gestaltete Kunstwerk von 1674 zeigt sechs Kinder der Pfarrersfrau Anna Maria Pietzschmann in Totenhemden. Drei Kinder kamen schon tot zur Welt, drei starben bald nach ihrer Geburt. Eine andere, mannshohe Sandsteinplatte stellt die Pfarrersfrau dar. Sie verschied bei der Geburt des siebenten Kindes. Auf einer dritten Platte ist die zweite Frau des Pfarrers, Euphrosine Pietzschmann, abgebildet, die 1676 bei der Geburt einer Tochter ebenfalls starb.

Während des Rundganges kommen wir an einem Umgebindehaus auf der August-Bebel-Straße 12 vorbei, an dem eine Gedenktafel davon berichtet, daß hier in der ehemaligen Obermühle 1850 der Komponist Hermann Zumpe geboren wurde, der in Bautzen studierte, ein enger Mitarbeiter von Richard Wagner war, später in vielen Städten als Kapellmeister wirkte und 1903 als Königlich-Bayrischer Generalmusikdirektor in München starb.

30

DER WOLFSBERG

Mit Bahn, Bus oder Kraftfahrzeug fahren wir bis Halbendorf im Gebirge und marschieren von dort etwa einen Kilometer nach Carlsberg, einem Ortsteil von Crostau. Carlsberg wurde im Jahr 1789 als Neuhalbendorf angelegt. Weil der Nordhang unter dem Wolfsberg wenig ertragreich war, waren Weber, Tagelöhner und Handwerker die ersten Siedler.

Wer genügend Zeit hat, macht einen Abstecher zu den zwischen Halbendorf und Carlsberg liegenden zwei Rasenhügeln, den sogenannten Halbendorfer Horken (270 m). Die Benennung stammt aus dem Sorbischen. Für den Naturfreund sind beide hinsichtlich der Geologie, Flora und Fauna interessant. Eine Bruchspalte im Granit ließ hier Basaltmagma emporquellen. Schlehen, Wildrosen, Holunder, Besenginster, Thymian, zwei Veilchenarten erfreuen uns, aber vor allem kann man von Flechtenarten bis zu den Blütenpflanzen die Entwicklung der Pflanzen auf einem Fleck konzentriert sehen. In den Steinbruchtümpeln lebt der Bergmolch.

Am oberen Dorfende, an der Straßengabelung, wenden wir uns nach links und sehen schon den Waldrand des Wolfsberges (337 m). Er gehört zum Massiv der weiter westlich liegenden Kälbersteine zwischen Crostau und Schirgiswalde. Wir gehen bis zu einem Leitungsmast, an dem das hölzerne Schild »Nach Wurbis« befestigt ist. Links oben steht dicht am Waldrand die Wanderhütte, die seinerzeit der Heimatkundler Paul Jänichen mit seinen Freunden errichtet hat.

Am Wald können wir erste Rast auf einer Bank machen. Weit geht die Sicht nach Norden. An Baumstämmen sehen wir Markierungszeichen, die uns bis zu unserem Ziel, dem Ort Picka, leiten werden. Erst geht es durch den Hochwald des Wolfsberges, dem Niederwald folgt. Haben wir den Gipfel überstiegen, kommen wir zu einem kesselförmigen Tal, das von Wäldern umgeben ist. Die als Viehweiden genutzten Hänge bieten Skifahrern gute Abfahrtsmöglichkeiten, vor Winterstürmen geschützt. Im Norden schützt der Wolfsberg, und im Südwesten beginnen die Hänge und Wälder des fast unbekannten Potsberges (448 m), der gänzlich bewaldet ist.

Wir kommen an seinen Berglehnen vorbei. Rechts begleitet uns jetzt ein kleines Bächlein, das sowohl das erwähnte Waldtal als auch die Geländefalte ausformte, in der Carlsberg liegt. Am Waldrand entlang kommen wir an seine Quelle, einen kleinen Weiher, der für das obere Wurbis auch Wasserentnahmestelle bei Bränden ist.

Schon sehen wir die ersten Häuser von Wurbis. Wir brauchen nicht bis zur Straße nach Crostau zu gehen, sondern biegen am ersten Haus nach links, also nach Osten, ein. Diese kleine Straßenzeile gehört zu Altwurbis. Gegenüber am Waldrand des Pickaer Berges (483 m) stehen moderne Einfamilien- und Wochenendhäuser. Dieser Bergort wurde in der Zeit der Ostkolonisation gegründet. Er wurde erst 1408 als Wurbis erwähnt, aber nur 11 Jahre später Worpus genannt. Nach wenigen Schritten treten wir in das alte Gasthaus »Drei Linden« ein, das der Volksmund »Käseschenke« nennt. Das Gasthaus ist weithin bekannt, hat eine niedrige Holzdecke im Schankraum und erhielt in den letzten Jahren einen Anbau.

Wir überqueren nach der Rast die Straße und gehen zum südlichen Waldrand, an dem der Weg nach Picka beginnt. Erst geht es bergan, doch danach neigt sich der Pfad, und bald sind wir in dem kleinen, am Bergfuß des Pickaer Berges liegenden Erholungsort. Wer will, geht rechts auf den Pickaer Berg. Vom Ort aus haben wir eine der breitesten Fernsichten, die unsere Oberlausitz bietet. Oberhalb des Gasthauses und des Parkplatzes stehen neben Rosenrabatten gepflegte Bänke, auf denen man verweilen und die herrliche Aussicht weit nach Böhmen hinein genießen kann. Wie von einem Riesenbalkon aus überblicken wir eine fast 30 Kilometer breite Landschaft.

Viele Urlauber sind alljährlich gern gesehene Gäste in Picka. Einige Häuser liegen sogar 400 Meter hoch. Der Ort wurde 1437 als »Bigke« erwähnt. Im Mittelhochdeutschen bedeutet Bigke eine verflochtene Hecke, die gegen Wildfraß schützen sollte. Durch die Lage des Ortes am Bergwald war das für die ersten Einwohner lebenswichtig. Früher gab es hier in den Wäldern sogar Wölfe, wie der Name Wolfsberg verrät.

Der einstige Ortschronist von Crostau, C. G. Wendler, hat eine Episode geschildert, nach der eine Frau in eine Wolfsgrube fiel, in die zuvor schon ein Wolf eingebrochen war. Glücklicherweise hatte sie eine hölzerne Flachsbreche bei sich. Mit ihr schlug sie so lange auf den Wolf ein, bis ein Jäger, der die ungewöhnlichen Geräusche gehört hatte, das Tier töten konnte.

Auch in Picka kann man einkehren. Wir aber verlassen diesen Ort in östlicher Richtung auf einer alten Lindenallee. Bald erreichen wir die Bundesstraße 96. Rechts vor ihr liegt im Winter ein Ski- und Rodelparadies, das viele Bautzener nutzen. Unmittelbar daneben steht die Gaststätte »Erntekranz«, einst Kiefernschenke genannt, hervorgegangen aus einem alten Rastplatz an der Kaiserstraße.

31

DER BIELEBOH
Běłoboh

Zu den meistbesuchten Bergen der Oberlausitz zählt der Bieleboh (499 m). Er ist der höchste Gipfel des elf Kilometer
langen Gebirgszuges von Südwest nach Nordost zwischen
den Kälbersteinen und dem Kötzschauer Berg. Im Norden
aus der Cunewalder und im Süden aus der Oppach-Beiers-
dorfer Talwanne bieten sich viele Aufstiegswege an. Die meisten beginnen in den Cunewalder Ortsteilen Sachsenhöhe
und Zieglertal. Viele Bautzener wählen den westlichsten
Aufstieg, der zwischen den Serpentinen der Bundesstraße 96
am Wurbisberg und der Erntekranz-Baude beginnt. Dieser
Wanderweg führt stets durch Wald, und nur das letzte Stück
ist steil.

Wer sich dem Gipfel mit dem Auto nähern will, fährt von
Beiersdorf nach Norden bis zum Parkplatz zwischen dem
Bieleboh und dem Kuhberg (455 m). Er muß dann allerdings
das letzte Wegstück zu Fuß ziemlich steil hinaufsteigen.
Sich zu verirren ist unmöglich, denn alle Waldwege sind gut
ausgeschildert.

Am Gipfel finden wir die Bergbaude und den Aussichtsturm. Schon um 1850 war der Bieleboh ein beliebtes Ausflugsziel. Seit 1838 hatten auf dem Berg, der dem Beiersdorfer Kretschambesitzer Winkler gehörte, Schießfeste stattgefunden. In den siebziger Jahren des vergangenen Jahrhunderts nahm die Besucherzahl derart zu, daß der Gastwirt
Wenzel aus Beiersdorf 1872 am Gipfel ein Leinwandzelt auf-
stellte, Bier ausschenkte und einfache Speisen anbot.

1873 gründeten Einwohner der umliegenden Gemeinden
ein »Komitee zwecks Errichtung eines Aussichtsaltans«, das

sich allerdings aus Finanzierungs- und anderen Gründen bald wieder auflöste. 1882 entstand der Gebirgsverein »Oberes Spreetal-Neusalza«, der sofort anregte, auf dem Bieleboh den Altan zu bauen. Baubeginn war am 10. Juli 1882. Die projektierte Höhe von vier Metern war aber vielen zu niedrig, so daß man noch während der Arbeiten beschloß, einen zwölf Meter hohen Turm und eine Bergbaude dazu zu bauen.

Das überstieg die Finanzmittel des Vereins. Deshalb wurde ein »Bieleboh-Verein« als Baugenossenschaft mit Mitgliedern aus Beiersdorf, Neusalza, Oppach, Spremberg und Schönbach gegründet. Jeder Genossenschafter mußte 400 Mark für die geschätzte Baukostensumme von 19 000 Mark einzahlen. Während der Bauvorarbeiten setzte ein solcher Regen ein, daß selbst mehrere Pferde auf den glitschigen Wegen nicht den Gipfel erreichten. So warb man Beiersdorfer Schulkinder an, die vom 9. bis 16. September 1882 etwa 16 000 Ziegel auf die Bergkuppe beförderten.

Im Winter ruhte die Arbeit. Um aber das Baumaterial vor Diebstahl zu schützen, zog der aus dem Beiersdorfer Ortsteil Zwenke stammende Einwohner Tätze in eine primitive Gipfelunterkunft als Wächter. Er war der erste Bielebohbewohner. Im Frühjahr wurden die Bauarbeiten fortgesetzt, und am 6. Mai 1883 nahmen Turm und Bergbaude die ersten Gäste auf. Schon einen Monat später hatten 1 500 Menschen den Berg besucht! Anbauten in den Jahren 1909 bis 1914 folgten. 1913 erhielt die Baude elektrisches Licht. Der Bergbrunnen wurde 1914 durch eine Wasserleitung ergänzt.

Als am 2. Juni 1910 der Turm von einem Blitz getroffen wurde, baute man ihn sofort in veränderter Form und drei Meter höher, nun 15 Meter, wieder auf. Am 25. September 1910 wurde er mit einer überdeckten Plattform eingeweiht. Der »Bieleboh-Verein« löste sich später auf, und alle Rechte und Pflichten gingen auf die Beiersdorfer Kommune über.

Seit 1932 finden auf dem Bieleboh Pfingstkonzerte statt. Damals wurde das Mundartstück »Wullt ihr am Turm mir halfm baun« des Heimatdichters Gustav Bayn aus Lawalde uraufgeführt. 1934 sind die Fahrstraße und der Parkplatz angelegt worden. Zum 100jährigen Jubiläum am 6. Mai 1983 wurde eine Gedenktafel »100 Jahre Bieleboh« von der Kulturbund-Ortsgruppe Beiersdorf enthüllt.

Der Bieleboh besteht wie viele Berge der Oberlausitz aus Zweiglimmergranodiorit, hat aber keine großen Gipfelklippen oder Blockmeere. Seine Nordseite weist Steigungen von 18 bis 21 Prozent auf. Fichten, Birken und Stieleichen sind die wichtigsten Bäume. In der Gipfellage gedeiht die Rotbuche.

Den Namen Bieleboh gibt es erst seit 1804. Er ist mit einem »weißen Gott«, was er in das Deutsche übersetzt bedeutet, nicht identisch. Der nach 1933 propagierte Name Huhberg hat sich nicht eingebürgert.

Um 1804 schrieb man den Bieleboh »Belbog«. Vorher nannte man ihn Hoher Wald (1746), Beiersdorfer Berg, Huhberg, auch »der Kaspar« nach einem Bauern und Fuhrmann aus Beiersdorf, dem der Berg einst gehörte.

Die Baude ist öffentliche Gaststätte mit Terrasse. Über den Gipfel führen viele Wanderrouten, so der Hauptwanderweg Wernigerode – Zittau und der Gebietswanderweg Zittau – Kamenz.

Der Blick vom Bieleboh nach Süden ist faszinierend. Man sieht nicht nur das formenreiche Lausitzer Bergland, sondern auch viele böhmische Gipfel. Teile des Zittauer Gebirges, des Isergebirges (Tafelfichte), den Riesengebirgskamm (Reifträger, Hohes Rad) und westlich bei klarem Wetter das Osterzgebirge. Manches Mal konnte ich sogar den Milleschauer, auch Donnersberg (835 m) genannt, der zwischen Teplice und Litoměřice im Böhmischen Mittelgebirge aufragt, erkennen.

Nach Norden können wir in die Cunewalder Talwanne sehen. Selbstverständlich sind die Hänge zwischen Bieleboh und Kuhberg auch im Winter interessant, da man dort gut Ski fahren und rodeln kann. Orientierungstafeln erläutern die Fernsicht. Auf dem Heimweg denken wir daran, daß bereits in der Jungsteinzeit Menschen hier weilten, wie ein am

Südhang aufgefundenes Steinbeil beweist. Bewohnt war der Bieleboh damals nicht; denn bis 1840 war hier Wildnis. Sicher hat das Beil ein Jäger verloren.

32

DER WOHLAER BERG
Byčin

Der Berg, den wir heute aufsuchen, ist trotz seiner etwas ab-
seitigen Lage gewissermaßen der Feldherrenhügel der Oberlausitz, wie uns bald klar werden wird. Es ist der Wohlaer
Berg (347 m), der zwischen Breitendorf, Wohla und nördlich,
nahe der B 6 aus der Ebene aufsteigt. Er liegt in der Mitte
zwischen Hochkirch und Löbau. Zur Anfahrt benutzen wir
die Eisenbahnlinie Dresden – Görlitz und steigen an der
Bahnstation Breitendorf aus. Sorbisch heißt der Ort Wujĕzd.
Der deutsche Name, erstmals 1390 als Breitendorff erwähnt,
besagt ein breites Dorf. Der sorbische Name ist älter und ur-
sprünglicher. Er taucht schon im Jahre 1252 als »Wgest« auf,
fußend auf dem altsorbischen Namenstyp »Ujezd«, der mit
dem tschechischen Begriff »Ujezd« oder dem polnischen
»Ujazk« identisch ist und in unseren beiden Nachbarländern
überaus häufig vorkommt. Gleichzeitig verrät er einen uralten Brauch bei Ortsgründungen. Der Begriff bedeutet Umritt
oder Umfahrt und bezieht sich auf das Gelände, das zu
einem neuen Ortsterritorium werden sollte. Wir sehen, auch
Ortsnamen können allerhand berichten.

Von der 1847 errichteten Haltestelle richten wir unsere
Schritte in Richtung der Kleinstsiedlung Bytschin vor dem
Dörfchen Spittel. In Breitendorf überqueren wir aber zunächst einen Bach, der am Osthang von Richters Berg bei
Lehn entspringt, also am nördlichen Bergfuß des Czornebohs. Offiziell heißt das Gewässer Kotitzer Wasser, doch hier
in Breitendorf nennt man es Buttermilchwasser. Nun gehen
wir nur einige hundert Meter, und schon sind wir am Wald
des Wohlaer Berges. Hier stehen Eichen, Linden, Birken,

Spitzahorn, Eschen, auch Haselsträucher und Ebereschen. Der Name des Berges in deutscher Sprache rührt vom östlich am Berg liegenden Dorf Wohla her. Der sorbische Name lautet »Byčin«, verdeutscht Bytschin, wie auch die nur drei Gehöfte aufweisende, vorhin erwähnte Kleinstsiedlung heißt. Dieser Breitendorfer Ortsteilname und auch der sorbische Bergname leiten sich vom sorbischen Wort »byk« ab, was Ochse oder Bulle bedeutet. Somit haben wir es also mit einem Bullendorf und einem Bullenberg zu tun. Früher wohnte in Bytschin der Bullenhirte für alle Bauern ringsum. Nicht nur die Gemeindewiesen, sondern auch die Berghänge wurden als Bullenweide genutzt. Das erklärt die Namen. Verständlich, daß es damals keine richtige Waldpflege für diesen Berg geben konnte.

Vom Weg gehen wir nun rechter Hand den Hang hinauf. Am Gipfel angekommen, geht unser Blick zur südlichen Czorneboh-Kette. Schöne Weitblicke gibt es vor allem zum Löbauer Berg, auf die Stadt Löbau und die umliegenden Höhen. Dort im Südosten ragt der Rotstein auf, dahinter etwas schwächer die Landeskrone, und auch den Strohmberg sehen wir. Ich hatte zweimal Glück und konnte von hier oben sogar das Isergebirge ausmachen. Im Blickfeld liegen aber auch die Königshainer Berge, die Hohe Dubrau, der Kottmar, der Schmoritz. Unser heutiger Berg ist auch Grenzscheide, denn quer über den Gipfel läuft seit der Verwaltungsreform 1952 die Grenze zwischen den Kreisen Bautzen und Löbau. Ältere Menschen erinnern sich noch, daß die schöne freie Berglage vor dem zweiten Weltkrieg von Segelfliegern als Starthang genutzt wurde. Obwohl wegen der guten Lößlehmhänge die Ackerfluren weit hinauf reichen, wurden damals dennoch Waldstücke gerodet. Nach dem Krieg wurden die Forstlücken mit Laubbaumarten wieder aufgeforstet.

Warum aber soll dieser Berg – wie eingangs erwähnt – der Oberlausitzer Feldherrenhügel sein? Man schrieb das Jahr 1594, als der Berg erstmalig aus militärischer Sicht genannt wurde. Als Herzog Franz von Sachsen und Joachim Carl von

Brandenburg von Löbau her mit zahlreichen Soldaten nach den nahen Dörfern Kittlitz, Breitendorf und Wohla gezogen kamen, entstanden zwischen diesen Truppen und der Ortsbevölkerung Reibereien, die sich steigerten, und schließlich entstand »am Wohl'schen Berg« eine Schlacht, wobei das Militär 23 Tote hatte. Später starben noch sechs Verwundete. Auf Seiten der Bevölkerung erlitt den Tod der wahrscheinliche Anführer der Ansässigen, der Feudale Franz von Zeschwitz aus Oppeln, heute Opole in Polen. Wahrscheinlich waren Beschlagnahmen, Requirierungen der Grund zum Entstehen der Kämpfe. Ganz klar sieht man in dieser traurigen Angelegenheit nicht durch, auch frühere Forscher streckten in dieser Frage ihre geistigen Waffen.

Über die weiteren militärischen Ereignisse auf diesem Berg sind wir gut informiert. Am 5. November 1633 kam Wallenstein (Waldstein) mit seinen Truppen in diese Gegend. Er selbst quartierte sich am 12. November bei Kittlitz ein, doch seine Wachen und Streifen standen am oder überquerten den Wohlaer Berg.

Eine große Rolle spielte dieser Berg im Siebenjährigen Krieg. Nach der Schlacht bei Kolin in Böhmen zog sich die Armee Friedrichs II. in die Oberlausitz zurück, verfolgt vom österreichischen Husarenstreifkorps des Feldmarschalls von Morocz, das am 27. Juni 1757 über Rumburg in Löbau eintraf. Dieses »tastete« sich bis zum 4. August zum Wohlaer Berg vor, wo tags darauf die Vorposten von den Preußen angegriffen wurden. Nach Löbau zurückgedrängt, standen am 13. August schon wieder Reiterschwadronen auf diesem Berg. Aber auch diesmal war den Österreichern das Kriegsglück nicht zugetan, denn sie mußten sich nachfolgend sogar bis Großhennersdorf zurückziehen.

Ein Jahr später, 1758, stand die österreichische Armee unter Feldmarschall Daun wieder in dieser Gegend, weil in und um Hochkirch das preußische Heer lagerte. Anfang Oktober, so berichten Chronisten, stand Daun in Kittlitz, Lehn und »auf den Wohlischen Höhn«. Daun als Oberbefehlshaber quartierte sich im Nieder-Kittlitzer Hof ein und ritt sehr oft zur Rekognoszierung auf den Wohlaer Berg. Von nur wenigen Adjutanten und Stabsoffizieren begleitet, beobachtete er vom Berggipfel die Preußen bei Hochkirch. Er befahl, den Wohlaer Berg als Stellung auszubauen und zu befestigen. So entstanden dreifache Verschanzungen. Alle Berghänge waren von Dauns Truppen stark besetzt, denn am Berg stand seine Hauptmacht.

Etwa 50 Jahre später, bei der Schlacht um Bautzen vom 20. bis 22. Mai 1813 spielte unser Berg eine militärische Rolle. Er diente einer russischen Kosakeneinheit als Beobachtungsposten. Auch im Herbst jenes Jahres kam es an und auf dem Berg zu Kämpfen. Nach der Schlacht an der Katzbach, wo Blücher über Macdonald siegte, der sich über Görlitz–Reichenbach zurückzog, auf Schritt und Tritt von Blücher verfolgt, kam die Truppenbewegung in unserer Gegend zum Stillstand. Am 2. September 1813 war der Raum zwischen Weißenberg und dem Wohlaer Berg von Preußen (Blücher) und Russen (Wassiltschikow) besetzt. Am 3. September erschien Napoleon mit König Murat in Bautzen. Tags darauf griffen früh 6 Uhr die Verbündeten an, wurden aber von Napoleons Feldherrenkunst zurückgeworfen. Unter Oberst Ketzeler zogen sich die Verbündeten zurück, erhielten aber von General Wassiltschikow den Befehl, »zugleich mit der preußischen Vorhut unter Major Hiller den Wohlaer Berg zu besetzen und im Notfalle aufs äußerste zu verteidigen«. Die Franzosen griffen mit starken Kräften an, umgingen zunächst den Berg, klammerten die Bergbesatzung ein. Nun entstand am Berg eine hin- und herwogende Schlacht, und erst am späten Abend zogen sich die Verbündeten unter Major Hiller, sich durch französische Einheiten durchschlagend, nach Löbau zurück. Das »Gefecht am und auf dem Wohlaer Berg«, so berichten Chronisten, kostete die Verbündeten etwa 400 Tote.

Am 5. September 1813 geschah dies: »Als Napoleon früh von Hochkirch aufbrach, ritt er querfeldein auf den Wohlaer Berg und beobachtete vorerst die russisch-preußischen Stellungen vom vorigen Tage«, berichtet der deutsche Adlige von Odeleben, der sich in Napoleons Gefolge befand. In kriegsgeschichtlichen Werken von Tempelhoff, Beitzke, Archenholz, Odeleben und Korschelt, um nur einige ältere Autoren zu nennen, wird der Wohlaer Berg oder Pitschenberg noch öfters erwähnt.

Bei solchen militärhistorischen Betrachtungen sind wir nun selbst schon »über den Berg« und gehen am fast unbewaldeten Südosthang dem namensgebenden Dorf zu. Erfreulicher als diese vielen erwähnten kriegerischen Dinge sind hier die schönen Fluren. Auch der Ortsname erfreut uns. Wie die vielen »Wola«-Orte in Polen, so bedeutet auch unser Wohla einen Ort, der in den ersten Jahren nach der Rodung von der Zinszahlung frei war. 1390 als Wolo erwähnt, leitet sich dieser Name vom altsorbischen »vola«, d. h. Freiheit, Unabhängigkeit ab. In der deutschen Sprache haben wir Gleiches, wie z. B. Freienhufen und Freiberg.

An der Südseite des Berges kommen wir entlang, wenn wir von Wohla wieder nach Breitendorf zur Eisenbahnstation gehen. Da der Weg zum Wohlaer Berg nicht weit und der Anstieg nicht beschwerlich ist, sei diese Bergwanderung auch älteren Bürgern empfohlen.

33

DER STROHMBERG
Wusmužowa hora

Mit eigenem Fahrzeug oder dem Weißenberger Bus fahren wir bis Kotitz. Unser Ziel ist der Strohmberg (265 m). Von Kotitz wandern wir auf der Straße nach Süden, bis wir in einen Feldweg nach Osten zum Berg einschwenken.

Auf Kotitzer Flur fand man einst ein germanisches Eisenschwert. Aus dem Ort stammt der sorbische Wissenschaftler Prof. Paul Nedo (1908–1984), der als junger Lehrer an der Spitze der Domowina stand und diese sorbische Organisation bis zu ihrem Verbot 1937 standhaft führte.

Der Strohmberg ist ein schmaler Bergrücken, rund einen Kilometer lang, 400 Meter breit und in der Mitte eingesenkt. Wir kommen zu einem ehemaligen Steinbruch und dem dazugehörigen Schotterwerk. Der Strohmberg besteht aus Nephelinbasalt (Nephelinbasanit) und ist der Rest einer größeren Basaltdecke, die sich nach Vulkanergüssen ausgebreitet hatte.

Am Nordgipfel gehen wir durch Eichenmischwald, in den Winter- und Sommerlinden sowie Buchen eingestreut sind. Interessanter ist der Südgipfel. Hier stehen Schlehen, Weißdorn, Wildrosen und Brombeersträucher, durch die wir uns zwängen müssen. Deshalb empfehle ich feste Kleidung.

Imposant ist der Anblick der senkrecht aufragenden Basaltsäulen, die einmalig im Kreis Bautzen sind. Der Halbtrockenrasen zeigt harte Gräser. In kleinen Tümpeln finden wir Wasserpflanzen. Viele wärmeliebende Gewächse stehen hier, und Insekten wie Vögel finden günstige Bedingungen.

Die überaus reiche Flora hat schon frühzeitig Naturforscher auf den Berg gelockt. Herrnhuter waren die ersten, die sich botanisch mit dem Berg befaßten. Einige kamen aus Niesky und schrieben schon 1797 über Pflanzen des Strohmberges, andere aus Kleinwelka. Sie befaßten sich 1804 damit. Der langjährige Naturschutzbeauftragte des Kreises Bautzen, Max Militzer, und Mitglieder des Naturwissenschaftlichen Arbeitskreises der Oberlausitz im Kulturbund haben sich eingehend bemüht, die Flora zu inventarisieren. Theodor Schütze aus Großpostwitz, Nestor Oberlausitzer Geschichtsforscher und ebenfalls langjähriger Naturschutzbeauftragter des Kreises, wies als Ergebnis der Arbeitskreisforschungen 360 Pflanzenarten nach.

Wer den Strohmberg inmitten fruchtbaren Bodens sieht, vermutet unwillkürlich, daß der Gipfel befestigt gewesen sein müsse. So ist es auch. Am Südgipfel ist noch heute der Rest eines zerstörten slawischen Abschnittswalls zu sehen. Erhalten sind etwa 70 Meter. Die Wallanlage bestand aus mit Erde ausgefüllten Trockenmauern und Holzkonstruktionen. Die wenigen Funde stammen aus dem 11. Jahrhundert.

Der Geologe Bergrat Bernhard von Cotta (1830), der berühmte Arzt Prof. Rudolf Virchow (1870) und der Löbauer Oberlehrer Hermann Schmidt (1899 und 1906) forschten am Strohmberg, gruben und fanden slawische Scherben, Tierknochen, Spinnwirtel, eiserne Sicheln und Messer. Vermutlich befand sich jedoch schon vor der slawischen Schutzburg hier zur Zeit des Übergangs von der Bronze- zur Eisenzeit eine Schutz- und Fliehbefestigung.

Durch seine Lage an der uralten Straße »via regia«, die von Bautzen über Weißenberg nach Görlitz führte, war der Strohmberg im Mittelalter Sitz von Raubrittern und Straßenräubern. Oft wurden Kaufmannswagen ausgeplündert, ja vielfach gab es so viele Strauchdiebe, daß die wehrhaften Bürger aus dem naheliegenden Weißenberg ihrer nicht Herr wurden. 1444 hat die Stadt Görlitz Bewaffnete nach Weißenberg verlegt, damit die Handelswagen durchkamen. 1430 hatten die Bautzener hier einen Nickel Winkler gefangen, der im Verhör zugab, daß er Gehilfe von adligen Räubern auf dem Strohmberg war.

So landschaftsbeherrschend gelegen, wurde der Berg natürlich auch für militärische Zwecke genutzt. Nach der Niederlage der Preußen bei Hochkirch 1758 erstieg ihn Friedrich II., um sich eine strategisch-taktische Übersicht zu verschaffen.

Wir erfreuen uns an dem vielstimmigen Vogelsang. Singdrosseln, Gartenspötter, Pirole, Goldammern, Elstern, Rotkehlchen, Grasmücken, Meisen, Finken, Turteltauben, Buntspechte, Hänflinge und viele andere lassen uns glauben, wir stünden in einer riesigen Voliere. Bunte Schmetterlinge gaukeln an uns vorüber. Es gibt wohl keinen Berg der engeren Heimat, auf dem so zahlreiche Arten – 40 sind wissenschaftlich erfaßt – vorkommen.

Über den Namen des Berges wurde viel gerätselt. Wahrscheinlich haben deutsche Einwanderer zur Ostkolonisationszeit den Namen mitgebracht.

Wir haben einen herrlichen Rundblick, vor allem über die parkähnliche Landschaft im Süden. Auch in der Landesvermessung spielt der Berg eine Rolle. Inmitten des Wallkessels steht ein Triangulierungsstein.

Alle Steinbrüche am Nord- und Südgipfel sind stillgelegt. Der nördliche wurde im Jahre 1923 ein Opfer der Inflationszeit. Außerdem nimmt man Basalt nicht mehr gern zu Straßenbauten, weil er, wie Fachleute sagen, ein Sonnenbrenner ist. Erst wird der Basaltschotter durch die Sonnenstrahlen graufleckig und schließlich zerfällt er in kleine Körner.

Es empfiehlt sich ein Rundgang am Bergfuß, welcher nicht allzuviel Zeit erfordert. Natürlich gibt es vom Strohmberg, der selbstverständlich Naturschutzgebiet ist, auch Sagen, so von den hilfsbereiten und friedlichen Lutkis.

34

DER LÖBAUER BERG
Lubijska hora

Einer der Oberlausitzer Stadtberge ist der Löbauer Berg
(448 m). In der erstmals 1227 erwähnten Stadt ist der Parkplatz an der Nikolaikirche unser Ausgangspunkt. Ziemlich
steil fällt der Brunnenweg in das Tal des Löbauer Wassers
hinab. Rechts erblicken wir eine Gedenktafel, die davon
kündet, daß an dieser Stelle am 13. März 1945 sieben kriegs-
müde deutsche Soldaten erschossen wurden. Auf asphaltier-
tem Weg pilgern wir am Flüßchen entlang, überschreiten es
vor einer Fabrik nach rechts, gehen links durch eine Allee
weiter und nähern uns dem parkartigen Vorgelände des Berges, dem Friedenshain. Rechts vom Weg liegt ein großes
Neubaugebiet. Im Park führt uns eine schnurgerade Lindenallee zum Bergfuß. Dort verweilen wir an einem Obelisk aus
Basaltgestein, Siegessäule für den Krieg 1870/71.

Wir kommen am Auslauf der steilen Rodelbahn vorbei.
Wieder auf einer alten Allee, erreichen wir das erste Zwi-
schenziel, den Gasthof »Honigbrunnen«. Bänke ermöglichen
eine Rast, etwa dreißig Minuten haben wir zum Aufstieg gebraucht.

Auf halber Berghöhe steht die 1895/96 erbaute große
Bergbaude. Vor ihr liegt ein großer Altan, von dem man eine
weite Aussicht nach Norden hat. Im Sommer kann man unter rustikalen Holzdächern, die alle einen Namen tragen, essen und trinken.

Gegenüber der Bergbaude ist seit 1976 ein Tierpark entstanden. Er liegt auf ansteigender Höhe unter zahlreichen
Buchen. Radschlagende Pfaue, australische Dingos, Polar-
fuchs, Wölfe, Bergziegen, Luchs, südamerikanische Lamas,

140

Ponys, Iltisse usw. können ebenso bewundert werden wie die buntschillernden Vögel in hohen Volieren. Viele Kinder- und Jugendgruppen kommen zu Besuch. Zwischen dem »Honigbrunnen« und dem Tierpark liegt noch ein kleines Indianerdorf für Kinder.

An den Tierparkhütten vorbei steigen wir steil zum Gipfel. Entschädigt werden wir durch den einzigen gußeisernen Turm Europas, der früher als der Eiffelturm in Paris, näm- lich 1854, erbaut wurde. Dieses technische Wunderwerk im byzantinischen Baustil ist 28 m hoch, achteckig und besitzt drei Galerien mit Geländern in 12, 18 und 24 m Höhe. In seinem Inneren führt eine 120-Stufen-Wendeltreppe empor. 1 400 Zentner Gußeisen wurden zu seinem Bau verarbeitet.

Noch um 1650 lebten am Berg Wölfe, Wildschweine und Hirsche. 1738 errichtete man am Gipfel eine Hütte aus Bret- tern, die im Siebenjährigen Krieg zerstört wurde. 1770 baute die Löbauer Kaufmannschaft ein kleines Haus, das der Rat 1781 ausbauen ließ. Alljährlich wurde von da ab bis 1854 am »Berghäuschen« auf Scheiben geschossen. Den Anstoß zum Bau des jetzigen Turmes gab zweifelsfrei der Czornebohturm 1850. Am 4. August 1853 erschien im »Sächsischen Postil- lon« ein Aufruf zum Bau eines »Warthturmes«. Zwei Bürger hatten dem Stadtrat einen gußeisernen Turm vorgeschlagen, der 5 500 Taler kosten sollte. Das Eisenhüttenwerk in Lauch- hammer hatte in der Hoffnung auf weitere Aufträge statt der Selbstkosten von 5 430 Talern den Guß der Turmteile auf 4 500 Taler unter Verzicht auf Gewinn berechnet. Dem Stadtrat war es dennoch zu teuer. Die Einwohner waren em- pört. Nun sprang Bäckermeister Friedrich August Bret- schneider in die Bresche, der sich bereit erklärte, 10 000 Ta- ler aus eigener Tasche zu bezahlen.

Zugunsten des Turmbaus auf dem Löbauer Berg verkaufte der Bäckermeister Friedrich August Bretschneider Grundbe- sitz. Als Gegenleistung durfte er 15 Jahre den Turm und die neue Gipfelgaststätte nutzen. Nach Übernahme durch die Stadt sollte er 2 000 Taler zurückerhalten.

Mittlerweile hatte der Bildhauer und Modelleur Marquart

aus dem Eisenhüttenwerk Lauchhammer das Modell hergestellt. Werkmeister Grieshammer entwickelte die für damals
geniale Idee des Montierens der Einzelteile. Aus 70 000 kg
Gußeisen mußten 176 Hauptteile und Hunderte kleinster
Teile paßgenau gegossen werden. Im Werkgelände wurde der
Turm zur Probe aufgestellt, und als durch den Transport
zum Berg Teile beschädigt wurden, konnten Nachgußteile
auf den Millimeter genau eingebaut werden.

Am 12. Januar 1854 begannen die Arbeiten. Während der
Grabungen fand man einen Bergkristall. Am 18. Mai 1854
wurde der Grundstein gelegt, am 27. Juli 1854 war Übergabe.
Die wirklichen Baukosten betrugen 16 000 Taler. Etwa
80 Schulkinder hatten auf kleinen Schlitten Ziegel zum Gipfel gezerrt. Dafür erhielten sie von Bretschneider pro Ziegel
einen Pfennig und nach Arbeitsende Kaffee und Semmeln.

Vom Turm aus können wir viele Berge des Riesen-, Iser-
und Elbsandsteingebirges bewundern.

Der Löbauer Berg hat eine sattelartige Form; denn neben
dem Turmberg erhebt sich noch der Schafberg. Er ist ein
ehemaliger Vulkan, der einst viel höher war, und besteht aus
Basalt, genauer aus Nephelindolerit, der an vielen Blockhalden zu erkennen ist. Sein zweiter Gipfel, der Schafberg, ist
interessant, weil auf ihm eine vorgeschichtliche Befesti-
gungsanlage, etwa 1 000 m lang, liegt. Wallgrabungen ergaben Funde an prähistorischen Werkzeugen und Schmuck-
stücken.

35

DER ROTSTEIN

Um zu diesem Berg und zum ältesten Naturschutzgebiet Sachsens zu gelangen, fahren wir mit der Bahn bis Zoblitz. Das mehrgipfelige Rotstein-Massiv gehört zu den interessantesten Bergwanderzielen der Oberlausitz. Drei Gipfel, den Rotstein (455 m), den Hengstberg (421 m) und den Georgenberg (397 m), wollen wir besteigen. Von der Bahnstation gehen wir etwa 15 Minuten durch Viehweiden nach Süden. Bald steigen wir die Lehnen des Hengstberges auf. Schon am Waldrand haben wir eine reizvolle Aussicht nach Osten und Westen.

Bevor wir den Kammweg erreichen, erblicken wir links unter Bäumen eine Felsgruppe namens Wache. Auf diesen Basaltfelsen ist ein Sitz mit Rückenlehne erkennbar, von dem früher Raubritter nach Kaufmannswagen Ausschau gehalten haben sollen. Der Name des Hengstberges wird zweifach gedeutet: Seit altersher sollen sich hier Pferdeweiden befunden, andererseits Opferkulte für Pferde stattgefunden haben.

Nach etwa 15 bis 20 Minuten schimmert durch die Bäume des Rotsteingipfels das 1872 erbaute und 1879 sowie 1897 erweiterte Berggasthaus. Insgesamt dauerte der Aufstieg bis zur Gipfelwiese 40 bis 50 Minuten.

Zwei Gesteine bauten den Rotstein auf. Im Untergrund befindet sich Granodiorit, über den sich eine nur etwa 30 Meter dicke Feldspat-Basaltdecke wölbt, die während des tertiären Vulkanismus vor rund 30 Millionen Jahren entstand. Das Bergmassiv gleicht einem Riesenhufeisen, das nach Süden offen ist. In etwa 350 m Höhe sind wir auf den Basalt gestoßen.

143

Während unseres Schlenderns am Gipfel entdecken wir zwei prähistorische Wälle, die merkwürdigerweise aneinanderstoßen. Auch eine Granitsäule der Landvermessung ragt hier 8,5 m auf. Der berühmte Arzt und Anthropologe Rudolf von Virchow hat hier 1871 am Doppelwall gegraben, ebenso Oberlehrer Schmidt aus Löbau von 1901 bis 1906. Gefäßscherben und Waffenreste stammen aus der Zeit zwischen 600 und 800 n. Chr. Sie sind slawischen Ursprungs und gehörten den Milzenern.

Die Basaltdecke ergab nach Jahrmillionen einen fruchtbaren, fetten Boden, auf dem eine Fülle von Pflanzen außerordentlich gut gedeiht. Seit altersher gilt der Rotstein mit rund 500 höheren Pflanzenarten auch als Kräuterberg der Oberlausitz. Die Kräutersammler finden wichtige Heilpflanzen.

Leberblümchen, Lungenkraut, Gedenkemein, Seidelbast, Goldstern, Lerchensporn, gelbe Anemone, Buschwindröschen, heimische Orchideen und die seltene Türkenbundlilie, ferner Waldmeister, Haselwurz, Zauken und viele andere Pflanzen wachsen auf diesem artenreichsten Berg der Oberlausitz. Wacholder steht hier, und vor allem ist der Rotstein der Berg unserer Heimat, auf dem sich der allergrößte Bestand von wildwachsenden Eiben erhalten hat. Vorsicht, Teile sind giftig!

Auch die deutsche Calla, der zu den Arazeen gehörige Aronstab, eine heimische Abart der Tropenpflanze, ist auf dem Rotstein zu finden. Rücksichtsloser Sammeleifer rottete manche botanische Kostbarkeit aus. Um solchem gewinnsüchtigen Treiben Einhalt zu gebieten, wurde auf Vorschlag des Vereins »Sächsischer Heimatschutz« der Berg 1912 zum allerersten, 95 Hektar großen Naturschutzgebiet Sachsens erklärt, für das sogar Berghüter ernannt wurden. Verständlich, daß auch wir auf den Wegen bleiben und keine Pflanzen beschädigen oder gar ausgraben. Für den Naturfreund sind die großflächigen Bestände während der Blütezeit eine wahre Augenweide. Zu den bisher entdeckten zehn Kleinsäugerarten gehören der Weißbrustigel, die Haselmaus und der Siebenschläfer.

144

Der Name des Rotsteins ist, historisch gesehen, erst spät belegt. In dem Sammelwerk »Die itzlebende Oberlausitz« wird 1728 der am Fuß des Bergmassivs liegende Ort Sohland/Rotstein von Pfarrer Sühnel aus Wehrsdorf erwähnt. Er meinte, daß der Ort den Beinamen »am rothen Steine« habe. 1750, in einer Neuauflage, wird erstmalig der Bergname falsch als »ist reich von rothen Steinen« erklärt. Das war das Produkt eines Stubengelehrten: Denn nirgends am Berg gibt es rotes Gestein. Entweder stammt der Name von dem deutschen Wort roden, also Rodeberg, oder, was wahrscheinlicher ist, vom sorbischen Wort »hród«, das Burg oder Schloß bedeutet, zumal am Berg wirklich Befestigungen liegen, demnach also Burgberg.

Bei den Wällen steht ein nicht allzu hoher, 1893 vom Löbauer Humboldt-Verein erbauter eiserner Aussichtsturm. Von ihm kann man bis zum Bober-Katzbach-Gebirge in der Volksrepublik Polen sehen. Südöstlich erblickt man den Isergebirgskamm, die Tafelfichte, den Heufuder, die Schneekoppe, den Jeschken, die Lausche, den Hochwald, Tannenberg, Rosenberg, Valtenberg, den Hutberg bei Kamenz, natürlich auch die Königshainer Berge und die Landeskrone. Über uns ziehen Raubvögel, so Sperber und Bussarde. In den Buschdickichten leben viele Vögel, wie Halsbandschnäpper, Kernbeißer, Gimpel, Grauammer, Gelbspötter, Misteldrossel und Waldkauz. Schon 1841 hat der Altertumsforscher Preusker in seinem Werk »Blicke in die vaterländische Vorzeit« die Vielseitigkeit des Rotsteins gewürdigt.

Nun verlassen wir den Rotstein in südwestlicher Richtung und laufen auf Waldpfaden zum Georgenberg hinüber. Er liegt nur etwa 300 Meter vom Hauptgipfel entfernt. Daß dieser Weg an Dickichten vorbeiführt, erinnert uns daran, daß man den Rotsteinwald oft den Oberlausitzer Bergdschungel nennt. Der Georgenberg hat seinen Namen nach dem Schutzheiligen einer Kapelle, die einst hier oben stand, Wallfahrtsort war und nach der Reformation verfiel. Man muß die Georgenkapelle, das heißt ihre Überreste, im Buschwerk suchen, bis man auf ihre Sechseck-Gründung stößt.

Hier stand jedenfalls eines der ältesten, aus dem 11. Jahrhundert stammenden sakralen Gebäude der Oberlausitz.

Die Kapelle wäre wahrscheinlich besser erhalten geblieben, wenn nicht »Schatzsucher« ihre Gemäuer sinnlos zerstört hätten. Schon 1505 hat man drei Kirchenräuber ergriffen, zwei Reichenbacher Einwohner und einen später in Löwenberg/Schlesien Hingerichteten. Der Altarplatz lag an der Ostseite, der Eingang seitwärts.

Zu Füßen des Rotstein-Massivs liegt uraltes Siedlungsland. Der Ort Dolgowitz am Georgenberg spielt in der Oberlausitzer Geschichte eine Rolle, weil er zu den zuerst genannten Burgwarden zählt, zu dem 20 Dörfer der Umgebung gehörten. In der »Meißnischen Grenzurkunde« wurde der Ort bereits 1223 erwähnt. Phantasievolle Nachklänge historischen Geschehens sind die etwa zwölf Sagen aus dem Rotsteingebiet. Max Militzer bezeichnete den Rotstein als »der Oberlausitz schönstes Pflanzenparadies«. Lange Zeit haben auf dem Rotstein alljährlich am 30. April weithin sichtbare Hexenbrennen stattgefunden.

Zurück zur Bahnstation Zoblitz wählen wir einen Weg an den westlichen Lehnen des Hengstberges vorbei. Autofahrer können bis Dolgowitz fahren, dort das Fahrzeug abstellen und dann in der Reihenfolge Georgenberg, Rotstein und Hengstberg die Gipfel besuchen. Man sollte sich dafür einen ganzen Tag Zeit nehmen, um alles ansehen zu können.

36

DER TOTENSTEIN

Die Königshainer Berge liegen abseits von den Hauptver-
kehrslinien, östlich von Weißenberg. Im Königshainer Gebirge, wie es früher genannt wurde, besuchen wir den Totenstein (373 m).

Zum Aufstieg wählen wir den Weg vom westlichen Dorfende Königshains. Wer mit dem Fahrzeug kommt, kann es
auf dem dortigen Parkplatz abstellen. Auch weiter oben, wo
sich der Weg zwischen Hochstein und Totenstein gabelt,
liegt noch ein kleiner Parkplatz, der jedoch nur wenige Fahr-
zeuge aufnehmen kann.

Vom kleinen Waldparkplatz aus halten wir uns halbrechts.
Wegeschilder führen uns an stillgelegten Steinbrüchen vorbei durch buschiges Laubbaumgehölz. Plötzlich ragt vor uns
ein Felsturm empor, der Totenstein. Eine kunstvoll beschrif-
tete Tafel und eine stählerne Treppe zum obersten Felsplateau zeigen uns, daß wir am Ziel sind.

Hier jagten vor rund 10 000 Jahren Menschen der Mittel-
steinzeit, was gefundene Feuersteinklingen und -kratzer beweisen. Später, in der Bronzezeit, war der Totenstein ein
Mittelpunkt kultischen Lebens in der Oberlausitz. Als der
Steinabbau vor etwa 200 Jahren begann, standen hier oben
rund 60 bis 30 Meter hohe Felstürme, die schon vor Jahrtausenden die Menschen tief beeindruckt haben müssen. Alle
Arbeiten in den Steinbrüchen wurden 1975 eingestellt.

Intensive Forschungen ergaben, daß der Totenstein in den
Königshainer Bergen die bisher einzige wissenschaftlich
nachgewiesene Kult- und Opferstätte der Oberlausitz ist.
Aus den Spalten der Totenstein-Felsen wurden Krüge, Scha-

len sowie Urnen mit Knochen und Asche verbrannter Toter geborgen, ein Mahlstein, eine Gußform für Bronzesicheln, bronzene Pfeilspitzen und als Einmaligkeit in Mitteleuropa eine Lampe, zu der es nur noch ein Gegenstück aus dem Raum von Kiew gibt. Sicherlich wurde sie zu kultischen Zwecken verwandt. Unzählige Scherben aus verschiedenen Epochen wurden ebenfalls gefunden.

Welche Bedeutung der Totenstein hatte, geht auch daraus hervor, daß zum Unterbringen der Urnen, Krüge usw. in den steinigen Felsspalten Erde herangeschafft werden mußte, damit die Kult- und Opfergaben nicht herausfielen.

Wie in alten Schriften geschildert, sah ich auf der obersten Plattform das zu Opferzwecken aus dem Fels herausgehauene Lindenblatt, etwa 10 cm tief und groß wie eine auseinandergefaltete Zeitung. Von der Spitze dieses lindenblattförmigen Opferkessels schlängelt sich eine fast ebenso tiefe Blutrinne. Gefunden wurde diese sensationelle prähistorische Stelle schon 1836, als der vorgeschichtlich interessierte Zestermann die Rasendecke auf dem nordwestlichen Felsen abhob. Im Opferkessel lagen noch mehrere Gefäßbruchstücke.

Durch Ausgrabungen kurz vor dem zweiten Weltkrieg wurde anhand von Pfostenverfärbungen im Boden und durch Auffinden von verziegeltem Lehmbewurf einwandfrei bewiesen, daß hier oben einst vorgeschichtliche Wohnstätten lagen, wahrscheinlich Unterkünfte von Priestern.

Schon früheren Forschern waren Aushöhlungen in Näpfchenform aufgefallen, die in gewisser geometrischer Ordnung zueinander standen. Dieses Rätsel wurde von Mitarbeitern der Universitätssternwarte Leipzig 1937 gelöst. Die Vertiefungen stellen verschiedene Sternbilder wie Drache, Stier, Fuhrmann usw. dar. Damit ist eindeutig und sensationell bewiesen, daß der Totenstein eine uralte Sternwarte ist, daß sich hier Priester mit Sternenkunde zu kultischen Zwecken, aber auch zu Anbau- und Erntetermine befaßten und natürlich bei ihren Stammesgenossen Ehrfurcht erzeugten, die ihnen Macht gab. Die gefundenen Wurfsteine in anderer

148

mineralogischer Zusammensetzung als am Totenstein beweisen ferner, daß dieser Fels Verteidigungsstätte war und öfters
angegriffen wurde.

Fast zweifelsfrei ist, daß ab mittlerer Bronzezeit hier
oben Tote verbrannt wurden. Über die Eisenzeit hinweg
wurde dieser Brauch weiter beibehalten. Sicherlich hat auch
der Stamm der Burgunder, der ab 4. Jahrhundert zeitweise
hier wohnte, nachgewiesen im nahen Ort Liebstein, den Totenstein für gleiche Zwecke genutzt. Mitte bis Ende des
6. Jahrhunderts wanderten die Slawen ein, die Besunzaner,
die später in den Milzenern, ihr Hauptort war Bautzen, auf-
gingen. Als ab der Jahrtausendwende die Ostkolonisation
einsetzte, starb das kultische Leben am Totenstein noch
nicht.

Wie C. A. G. von Schachmann, in der Mitte des 18. Jahrhunderts Gutsherr von Königshain und Mitglied der Ober-
lausizischen Gesellschaft der Wissenschaften zu Görlitz,
einer der ersten Erforscher des Totensteins, feststellte, wurde
der alte Brauch des Tod- oder Winteraustreibens ausgeübt,
der wahrscheinlich schon aus prähistorischer Zeit über die
Slawen bis zu den Deutschen übernommen worden war. Alljährlich am dritten Sonntag vor Ostern fertigte man in Königshain eine große Strohpuppe an, befestigte sie an einer
Stange, schaffte sie zum Totenstein, verbrannte sie und
stürzte sie vom Felsen. Und das von der Bronzezeit bis zum
Beginn des 18. Jahrhunderts!

Auch der preußische König Friedrich Wilhelm IV. war beeindruckt, als er 1844 den Totenstein besuchte. Er schenkte
ihn den Landständen der Oberlausitz mit der Verpflichtung,
ihn so zu lassen, wie er ist. So wurde der Totenstein zu einer
Zeit, als es keinerlei Naturschutz gab, zum ältesten Naturdenkmal in der Oberlausitz.

Der Königshainer Granit, früher Stockgranit genannt, ist
heller als der Oberlausitzer Granodiorit, weil er weniger
Glimmer, aber mehr Quarz enthält. Als er entstand, bildeten
sich Hohlräume, sogenannte Drusen, in denen sich verschiedene Kristalle absetzten.

Im Laufe der Zeit wurden bis zu 30 Arten oft seltener Minerale gefunden, darunter Bergkristalle, Flußspat, Zinnstein, Magnetit, Pyrit, Wolfram, Zirkon, violette Amethyste, Molybdän usw.

Wer sich gern an der Tierwelt erfreut, findet am Totenstein neben 70 Vogelarten eine Rarität: Mitte der sechziger Jahre genehmigte die oberste Jagdbehörde der DDR die Einbürgerung von Mufflons, 1965/66 wurden sieben Tiere zunächst in ein Gatter, später in die freie Natur ausgesetzt. Jetzt leben etwa 170 Mufflons in den Königshainer Bergen. Sie entwickelten sich so prächtig, daß einige in andere Landstriche umgesetzt werden konnten.

37

DER HOCHSTEIN

Mit dem Bus fahren wir von Weißenberg aus erneut in das Oberlausitzer Minigebirge, wie die Königshainer Berge oft genannt werden. Unser Ziel ist der Hochstein. 300 Meter vor dem Königshainer Bahnhof steigen wir an der Gaststätte »Zum Hochstein« aus. Wieder wandern wir zu dem Bergsattel mit dem kleinen Parkplatz. Diesmal aber gehen wir nach links.

Der Oberlausitzer Geschichtsforscher Samuel Grosser, Mitglied der Akademie der Wissenschaften zu Berlin, gab schon 1714 seine »Oberlausitzer Merkwürdigkeiten« heraus, in denen er eingehend die Königshainer Berge beschrieb. Nach ihm hat der Kurfürstlich-Sächsische Oberbergrat F. W. Charpentier in seiner »Mineralogischen Geographie der Chursächsischen Lande« (1778) ausführlich berichtet. Auch N. G. Leske, der erste Reiseschriftsteller für die Oberlausitz, hat in seinem Buch »Reise durch Sachsen in Rücksicht der Naturgeschichte und Ökonomie unternommen« (1785) unser Wandergebiet behandelt. Später taten das Professor Feyerabend, Professor Jecht, der Prähistoriker Friedland und andere, alles rührige Heimatforscher.

Nachdem wir etwa 30 Minuten gelaufen sind, erblicken wir auf dem Berggipfel zunächst große Felsmassen und alte Rotbuchen. Die Granitbänke sehen im Vergleich zu anderen Bergklippen, die meist scharfe und spitze Verwitterungen zeigen, wie gigantische Matratzen aus. Die Wissenschaft bezeichnet sie als »Wollsäcke«.

Die steinernen Treppen wurden bereits 1753 in die Felsen gehauen. Wir steigen auf den Gipfel des Hochsteins und entdecken auf den obersten Granitbänken allerlei Mulden und Trichter, natürlich ausgewittert. Der Hochstein hat, obwohl er höher (406 m) ist und nur etwa 400 Meter vom Totenstein entfernt liegt, in prähistorischer und späterer Zeit keine herausragende Rolle gespielt.

Nach dem Abstieg vom Gipfel des Hochsteins ruhen wir uns auf der Freiterrasse zwischen den Felsen und der Bergbaude unter Rotbuchen aus. Die Hochsteinbaude hatte als Vorläuferin eine 1883 errichtete Schutzhütte und wurde zwischen 1895 und 1897 gebaut. Früher mußte das Wasser mit einem kleinen Pferdewagen von einer entfernten Bergquelle geholt werden.

Auf dem Hochstein minderten uralte Rotbuchen und andere Bäume den Fernblick. Um die Bäume zu erhalten, erwarb die Gemeinde Königshain 1969 einen alten, zum Verschrotten vorgesehenen Übungssprungturm der Fallschirmsportler. Der 20 m hohe Stahlriese wurde fachmännisch zerlegt, auf den Hochsteingipfel transportiert und dort wieder aufgestellt.

Wir steigen die Wendeltreppe mit 101 Stufen empor. Das kostet Puste. Nach Westen kann man bis ins Bautzener Land schauen, im Süden auf die Kämpferberge, die höchsten Erhebungen der Königshainer Berge, und nach Osten bei klarer Sicht bis zur Schneekoppe im Riesengebirge. Im Norden liegt die weite Heide mit großen Kiefernwäldern. Nimmt man Kinder mit auf den Turm, muß trotz der Treppengeländer auf sie geachtet werden.

Unser Blick fällt auch auf ehemalige Steinbrüche, von denen einige 90 Meter tief sind. Der Granit ist hart, hat eine schöne Farbe und läßt sich gut spalten. Schon 1842 wurde der Bürgersteig um das damalige Königliche Schloß zu Berlin aus diesem Gestein hergestellt, auch der Sockel des ehemaligen Reichstagsgebäudes, die Uferschutzmauer der Insel Helgoland und der Küstenleuchtturm bei Arkona auf Rügen. Nach 1945 baute man damit S-Bahnhöfe (Alexanderplatz) in Berlin, das dortige Dynamo-Stadion, das Fichtelberg-Hotel und Teile des sowjetischen Ehrenmals in Berlin-Treptow.

Wir verlassen den schönen Berg in südlicher Richtung. Wer noch Zeit hat und per Fahrzeug gekommen ist, dem seien noch zwei Tips für weitere Sehenswürdigkeiten gegeben. Zwischen dem kleinen Ort Biesig und dem Eichberg (338 m) liegen die Opfersteine. Im Ort sollte man nach ihnen fragen. Der erste Opferstein ist zwei Meter breit, einen Meter hoch und rechteckig. Unweit von ihm liegt ein kleinerer Stein. Beide stehen unter Denkmalschutz. Auf ihnen sollen in slawischer Zeit Kult- und Opferhandlungen stattgefunden haben.

Im Dreieck zwischen Eichberg (338 m), Kaiserberg (312 m) und den Kämpferbergen (405 bis 411 m) steht am Waldrand eine botanische Einmaligkeit. Dieses Naturdenkmal, genannt die Wundererle, ist eine Abart der Schwarzerle, die im Unterschied zu ihren Artgenossen tiefgeschlitzte Blätter hat. Sie ist sehr alt, und um sie zu erhalten, hat man sie »plombieren« lassen, damit sie nicht durch Fäulnis und Schädlinge in den Hohlräumen abstirbt. Jedes Jahr trägt die Wundererle viele Früchte, aber sie sind zur Vermehrung ungeeignet. So wird sie die einzige ihrer Art bleiben.

38

DIE LANDESKRONE

Schon auf der Fahrt nach Görlitz erblicken wir im Süden der Stadt den ebenmäßigsten Berg der Oberlausitz, die aus fruchtbaren Fluren aufragende Landeskrone (420 m). Man nennt diesen Berg auch den Oberlausitzer Vesuv, denn er hat mit dem weltberühmten italienischen Berg eine Ähnlichkeit. Nun sitzen wir schon in der Görlitzer Straßenbahn und fahren bis zur Endstation.

Im Görlitzer Ortsteil Biesnitz stehen wir auf geschichtsträchtigem Boden. Hier befand sich einst der Hauptort der Besuncaner, eines westslawischen Stammes, der sich im Jahre 977 den Milzenern mit Hauptsitz in Bautzen anschloß. Als Gauburg wurde »Businc« 1015 das erste Mal erwähnt. Ausgrabungen am Berg, vor allem an Wällen, Erstbeschreibungen verdanken wir dem bekannten Bergrat Cotta (1839), ferner Schuster (1869), dem berühmten Arzt Prof. Virchow sowie Prof. Feierabend, wobei ersterer 1870, letztgenannter 1890 und 1894 hier tätig war. Die Landeskrone wurde 1953 Naturschutzgebiet (etwa 54 ha groß). Sie baut sich oberhalb der Endstation (Höhenmarke 260 m) etwa 160 m aus Granit auf, dem darauf Basalt folgt. Darin befindet sich auch Magneteisenerz.

Wer die Landeskrone genauer betrachtet, erkennt sofort ihre zwei Gipfel. Auf dem Nordgipfel steht die Berggaststätte, auf dem Südgipfel der 1901 erbaute Feuerturm. Zwischen beiden – 170 m entfernt – liegt ein Bergsattel. Vom Bergfuß gehen wir zum meistbenutzten Aufstiegsweg, einer 107 Stufen aufweisenden sehr alten Lindenallee. Diese Bergtreppe ist ziemlich steil, nichts für Herzkranke. Sie mündet auf halber Berghöhe am Fahrweg, dem wir nach links im weiten Bogen und nun unbeschwert bis zum Gipfel folgen. Der Rüstigere wählt den steileren Schlangenweg. Beim Aufstieg kommen wir auch an den Gedenkstein des aus den Befreiungskriegen bekannten Dichters und Kämpfers Theodor Körner vorbei, errichtet 1895 im Gedenken an dessen am 12. August 1809 erfolgten Bergbesuch.

Bevor wir uns rundum alles ansehen, suchen wir am Gipfel einige Basaltblöcke, auf denen ein größeres rotes »N« aufgezeichnet ist, denn sie sind Raritäten. Diese Steinblöcke scheinen ein Naturgesetz, nämlich die Nord-Süd-orientierte Kompaßweisung oder -anzeige, außer Kraft zu setzen bzw. in Abweichung zu bringen. Die ersten Forscher, die diese Erscheinung entdeckten, glaubten an ein Weltwunder. Wir wissen heute, daß durch Blitzschlag der im Basalt verborgene Magneteisenstein magnetisch wurde und deshalb der Kompaß anders reagiert. Gründlich untersucht wurden diese Kompaßstörungen erstmalig im Herbst 1941 von Dr. Ing. Beyersdorfer aus Reichenbach (OL) und dem Münchener Rechtsanwalt Dr. Heinrich Deibel. Die Hauptstörungen stellten sie bei 51 Grad 8 Minuten nördlicher Breite und 14 Grad 56 Minuten östlicher Länge fest.

Unterwegs und auch auf den Gipfeln erfreuen wir uns an den Winterlinden, Stieleichen, Fichten, Eschen, Bergulmen und Spitzahorn, aber auch an den Seltenheiten Schwarzer Streifenfarn, Echte Zwergmispel und am Seidelbast. Im Sommer im Hotelgarten unter einem schattigen Baum, im Winter an der Fensterseite in der Gaststätte sitzend, lassen wir die Berggeschichte Revue passieren.

Die ältesten historischen Zeugen sind Reste des vorgefundenen und zur Bronze- und Eisenzeit errichteten Walles. Nach der Völkerwanderung haben im 7. Jahrhundert die genannten Westslawen die vorhin erwähnten Wälle verstärkt oder wiederhergestellt. Um 875 erwähnte der sogenannte Bayerische Geograph, ein Mönch, erstmals den sorbischen Gau Besuncane. Zum zweiten Male erfahren wir durch Bischof Thietmar von Merseburg 1015 von einer Befestigung

»urbs Businc«, ebenfalls herkunfts- und wortverwandt mit
dem heutigen Namen Biesnitz. Zum Vergleich: Bautzen
wurde erstmals im Jahre 1002, Görlitz 1071 erwähnt.

Die erste Erwähnung deutscher Besiedlung des Berges
(1268) verrät auch gleich die Herkunft des Bergnamens.
Vielfach wird noch angenommen, daß dieser Berg wegen seiner Ebenmäßigkeit als »Krone des Landes« benannt wurde.
Dies entspricht nicht den historischen Tatsachen. Wahrheit
vielmehr ist, daß etwa an der Wende des 12./13.Jahrhunderts
das aus dem Rheinland stammende Feudalgeschlecht derer
von Landskron hierher kam. Der Erstgenannte dieses Namens, ein Gerlach von Landskron, taucht schon 1213 in
einer Oberlausitzer Grenzurkunde als Zeuge auf. Ein zweiter
gleichen Namens, Christianus Longus de Landskron,
schenkte 1222 den Decem, den Zehnt, des bei Bautzen liegenden Dorfes Burk der Kapelle St.Georg der Bautzener Or-
tenburg. Dies ist gleichzeitig der Beweis, daß diese Adelsfamilie auch im Bautzener Raum Besitzungen hatte. Sie
teilten sich sicherlich in Sippen auf, in Geschlechter, aber
der ursprüngliche Stammsitz derer von Landskron lag im
Ahrtal südlich des Siebengebirges. Mehrere weitere von
Landskron sind in jener Zeit urkundlich erwähnt. Ob allerdings einige oder nur einer je auf dem Berg sein Zuhause
hatte, ist bis heute ungeklärt.

Anlaß zur Nennung dieser allerersten deutschen Bergbe-
sitzer ist die 1268 erfolgte Teilung der Oberlausitz zwischen
dem Markgrafen Otto und Herrmann von Brandenburg.
Auch das nächste Adelsgeschlecht derer von Bieberstein, das
seit 1357 den Berg besaß, hat wahrscheinlich nie am Berg gewohnt. Wohl aber waren Burggrafen eingesetzt.

Erstgenanntes Adelsgeschlecht kam mit den Görlitzer
Stadtbürgern gut aus. Dies änderte sich später bei Nachfol-
gern. Die Raubritterzeit brach herein. Die von Bieberstein
standen seit 1349 mit der Stadt im Streit. Selbst in größerer
Umgebung waren diese Feudalen als große Räuber, Schinder
und Mörder verschrien. Alle Streitigkeiten zu schildern,
würde Bücher füllen. Gesagt sei nur, daß 1432 und auch

156

1435 die Görlitzer denen von Bieberstein die Bergburg ab-
kaufen wollten, was jedoch abgelehnt wurde. Danach wurde
die Landskronburg über verschiedene Strohmänner aus
Machtinteressen schließlich einem Siegmund von Warten-
berg, dem größten Feind der Stadt Görlitz, zugespielt. Un-
aufhörlich gab es von nun an Reibereien und Schikanen auf
beiden Seiten. Schließlich war man froh, daß die Söhne Balthasar und Rudolf des verstorbenen Herzogs Hans von Sagan
(eigentlicher Besitzer der Burg und gewissermaßen der
»Mann im Hintergrund«) der Stadt am 13. April 1440 den
Berg und die Burg sowie ein paar umliegende Dörfer für
600 Mark böhmischer Groschen verkauften. Ohne eine offi-
zielle Kaufbestätigung durch den böhmischen König abzu-
warten, die erst im Jahre 1454 erfolgte, begann Görlitz sofort
die Burgzerstörung. Mit Sang und Klang, an der Spitze der
gesamte Magistrat und die Stadtschöffen, zog ein mächtig
langer Bürgerhaufen zum Gipfel. Man pflanzte Fahnen auf
und begann voller Haß den Abriß. Zu lange hatte dieses
Adelsnest die Görlitzer gequält. Mitgebrachte Maurer und
ihre Handlanger begannen »mit außerordentlicher Hast«, so
der Chronist, ihr Zerstörungswerk. Aber auch in der nachfol-
genden Zeit gab es um die Landeskrone manchen Streit.

Schon 1782 soll auf dem Nordgipfel ein kleines Schutz-
häuschen, wahrscheinlich 1775 erbaut, gestanden haben. 1796
wurde ein kleiner Aussichtsturm geschaffen, 1840 eine Lindenallee angelegt. 1844 ließ Kretschambesitzer Kirchhoff aus
Klein-Biesnitz einen besseren Weg herrichten, ein neues Unterkunftshäuschen als erste Gaststätte ausstatten, die am
Bergsattel stand. Nach dem Tod des Gastwirts verfiel dieses
Häuschen. Nachfolgend renovierte ein Elias Frenzel vor allem
den früheren Aussichtsturm. Der größere Aussichtsturm wurde
gemeinsam mit neugeschaffenen Wirtschaftsbaulichkeiten
am 17. Juni 1863 eingeweiht. Im Jahre 1909 erhielt die Berg-
wirtschaft Gasbeleuchtung, 1913 eine 1 300 m lange Wasserleitung. Erster Pächter der neuen Baude war ein Herr Ulbrich.

Um die Mitte des vergangenen Jahrhunderts waren die Gip-
felflächen oft Stätten von großen Volksfesten und -belustigun-

gen, ähnlich dem Wartburg-Hambacher Fest. Als um 1860 der Bau des alten Gasthauses durch zwei Maurermeister mit ihren Leuten begann, geschah dies teilweise auf den Grundmauern der alten Burg. Der Kostenaufwand betrug 11 000 Taler. Der Berg war auch früher nicht gänzlich bewaldet, denn fast bis in dreiviertel Höhe lagen Viehweiden. Erst 1883 wurde der Bergsockel mit Laub- und Nadelhölzern bepflanzt. Elektrische Beleuchtung in der Gaststätte und auf den meistbegangenen Bergwegen gab es erst ab 1928. Nun konnte man auch ohne Fackeln oder Laternen schöne Abend- oder Nachtaufstiege unternehmen. Im gleichen Jahr erweiterte man die Gaststätte an der Nordseite durch eine Veranda. Auf dem 1899–1901 erbauten Großen Turm befinden sich jetzt die technischen Anlagen für den UKW- und Fernsehempfang.

Nach dem Ende des zweiten Weltkrieges brannte im Herbst 1946 die alte Gaststätte teilweise ab. Trotz der Schwere der Zeit begann man schon 1950 mit einem Neubau, mit der Errichtung eines Berghotels, das auf der Westseite eine Veranda erhielt.

Die eingangs erwähnte Vesuvform der Landeskrone hat schon im Jahre 1806 einen Dr. Quandt bewogen, ihn »in malerischer Hinsicht« zu beschreiben. Ein Dr. Gustav Meyer legte ein Stück Lavapflaster aus der einstigen römischen Stadt Pompeji vor, die im ersten Jahrhundert n. Chr. vom Vesuv verschüttet wurde. Dieses Stück glich einem Basaltstück der Landeskrone. Äußere Bergform und erstarrtes Gestein sind also identisch. Der Vesuv jedoch ist dreimal höher, im Durchschnitt etwa 1 200 m. Überdies steht der Vesuv nicht viel weiter vom 15. Längengrad als die Landeskrone. Als weiterer Unterschied ist festzustellen, daß unser Oberlausitzer Berg nie Feuer spie, er ist ein vulkanischer Restberg mit basaltischer Quellkuppe.

Völlig freistehend, bietet die Landeskrone eine prächtige Rundumsicht. Vor allem kann man von hier weit in die polnischen Gebiete hineinsehen. Auch die Oberlausitz ist fast überblickbar, weit reicht die Sicht zum Riesen- und Isergebirge sowie zu vielen Orten.

39

DER KREUZBERG
UND DER SCHWARZE BERG

»Besuchen Sie doch mal den Jauernicker Kreuzberg, dort knistert alles von Geschichte«, hatte spaßhaft ein bekannter Görlitzer Wisenschaftler gesagt. Eines Tages machten wir uns deshalb dorthin auf. Wer aus dem westlichen Raum Sachsens kommt, schwenkt auf der B 6 bei Reichenbach (OL) südöstlich ein und kommt über Friedersdorf nach Jauernick. Ansonsten fährt man mit der Eisenbahn bis Görlitz, steigt dort in die Straßenbahn und fährt zum Görlitzer Stadtberg, der Landeskrone, an deren Fuß die Endhaltestelle liegt.

Sehr einfach finden wir den Beginn unseres Weges. Wo am Bergfuß der steile Treppenanstieg zum Gipfel beginnt, suchen wir das Wanderzeichen, eine kreisrunde braune Scheibe, die uns bis Jauernick führt. Der Weg dorthin ist nur 6 km lang. Zunächst gehen wir ein kurzes Stück durch Buchenwald. Bald aus dem Hochwald hinaustretend, schauen wir ins Tal hinab, zum kleinen Ort Kunnerwitz.

Nun durch Felder gehend, blicken wir uns um, denn wir wollen die Landeskrone, die meist nur vom Westen oder Norden gesehen wird, nunmehr auch von ihrer Rückseite betrachten. Bald kommen wir in den Ort Pfaffendorf-Schlauroth. Wir gehen abwärts und stoßen auf die Dorfstraße. Wenig später erreichen wir auch die Wendeschleife der Autobuslinie, und schließlich gehen wir an der Haltestelle südwärts bergan. Wenn wir an die Chaussee Görlitz-Friedersdorf-Reichenbach kommen, überqueren wir diese und gehen auf den Wald zu, der etwa 650 m vor uns liegt. Immer hinaufstapfend, erreichen wir den Jauernicker Kreuzberg (364 m), unser heutiges Ziel.

Dieser interessante Berg hieß in früheren Jahrhunderten Schloß- oder Burgberg. Er ist vorwiegend ein Granitberg, den ein am Gipfel aufragender Basaltfels krönt. Obenauf steht das Gipfelkreuz, das dem Berg seinen jetzigen Namen gab. Deutlich ist ein Wall zu sehen, auch ein Wallkessel. Hier war im Dunkel der Vorzeit eine ausgezeichnet gelegene Wehranlage, die später durch eine kleine Burg erweitert wurde. An der ehemaligen Kreuzbergbaude vorbeisteigend, haben wir den Gipfel erreicht, der uns den Blick auf größere Teile von Görlitz ermöglicht. Wir sehen aber auch Industrieanlagen, viele Dörfer ringsum. Greifbar nahe liegt der benachbarte 394 m hohe Schwarze Berg. Zu ihm gehen wir anschließend. In einer halben Stunde ist er zu erreichen.

Hinabschreitend erreichen wir ein kleines Bergplateau, wo die kleine, aber sehenswerte Jauernicker Dorfkirche steht. Nun müssen wir eingangs erwähntem Görlitzer Wissenschaftler Recht geben: Hier stehen wir wirklich auf geschichtsträchtigem Boden. An dieser dominierenden Stelle ist das jetzige Kirchlein Nachkomme der Oberlausitzer Urkirche. Schon im Jahre 960 oder 967 (!) soll hier eine kleine Holzkapelle als allererste christliche Stätte der Oberlausitz erbaut worden sein. Mit Sicherheit waren hier böhmische Sendboten gewissermaßen erste Missionare.

Böhmen hatte im 9. Jahrhundert das Christentum angenommen. Der Slawenapostel Method hat 871 den böhmischen Herrscher Boriwoi und dessen Gemahlin Ludmila getauft. Die böhmische Herkunft der Erbauer leitet sich auch von der Tatsache ab, daß die Kirche dem heiligen Wenzel geweiht wurde, der bekanntlich 935 in Altbunzlau (Stará Boleslav) ermordet wurde. Er war und ist der Schutzpatron Böhmens. Der bekannteste Platz im Zentrum Prags trägt seinen Namen, Václavské náměstí – Wenzelsplatz. Hier steht vor dem Nationalmuseum sein Denkmal. Sein Silbersarkophag befindet sich im St. Veitsdom auf dem Prager Hradschin.

Ferner nennt eine 1213 verfaßte Urkunde einen Wallfahrtsweg von der böhmischen Grenze nach Jauernick. Die Jauernicker Kirche ist etwa 32 Jahre älter als Bautzens erste

160

Gottesstätte. Die Vorläuferin des Bautzener Petridoms, eine vom dritten Meißner Bischof Graf Egido von Rochlitz erbaute Kapelle, wurde im Jahre 999 errichtet.

Auch die allererste Görlitzer Kapelle ist jünger. Dies beweist auch, daß später der Görlitzer Pfarrer den alljährlichen Zehnten, damals Decem genannt, nach Jauernick brachte und nicht umgekehrt.

Auf den ersten Blick ist das Gotteshaus als Wehrkirche zu erkennen, was übermächtige Kirchhofsmauern und Schießschartenreste verraten. Auch ein altes Sühnekreuz steht hier. Im Jahre 1242 erwarb das 1234 gegründete Kloster St. Marienthal die Kirche. 1427 oder 1429, die Historiker sind sich darin nicht einig, wurde sie niedergebrannt, wahrscheinlich von den Hussiten, die 1429 das nahegelegene frühere Behnsdorf zerstörten, das nie wieder aufgebaut wurde. Das Dorf Jauernick selbst hieß 1241 Jawornik, nur ein Jahr später Jawernig, danach Jawornich und 1327 Jawirnik, alle Namen abgeleitet vom slawischen Begriff »jawor« – Ahorn.

Nun in westlicher Richtung zum Schwarzen Berg gehend, kommen wir am Jauernicker Ortsausgang an den Zyklopenfelsen, einem Naturdenkmal mit eigenartiger Form, vorbei. Unterwegs denken wir daran, daß im Ort nach alter Tradition der Jauernicker Heiratsmarkt stattfand, der nicht nur Heiratslustige, sondern auch andere Gäste anlockte. Wann dieser Markt erstmalig stattfand und warum ausgerechnet hier, ist historisch ungeklärt. Er hat vielen Generationen Spaß gemacht.

Unser nächstes Ziel, der Schwarze Berg, liegt auf Friedersdorfer Flur und besteht hauptsächlich aus Basalt. Auf einem schönen Weg erreichen wir den Gipfel. Zuerst sehen wir uns jenen Gedenkstein an, der davon kündet, daß wir jetzt genau auf dem 15. Meridian stehen (Gegenstück bei der Görlitzer Stadthalle). Bekanntlich wird nach diesem Längengrad die mitteleuropäische Zeit (MEZ) berechnet. Man müßte weit reisen, um wieder auf einem Meridian zu stehen. Hier wird uns dies »kostenlos« geboten. Dieser Gipfel hat deshalb für ganz Mitteleuropa Bedeutung.

Bereits 1771 wurde hier der allererste bisher in Deutschland bekannte Burgunderfund zufällig gemacht. Im Dezember genannten Jahres stieß man in einem Steinbruch des ehemaligen Niesnerschen Bauerngutes an den Ausläufern des Schwarzen Berges dicht unter der Erdoberfläche auf eine große Anzahl Gefäße und Eisengeräte, wie Lanzenspitzen, Äxte, Messer und Pfriemen usw. Niemand hatte zu dieser Zeit und in jener Gegend eine Ahnung von Archäologie, weshalb die Steinbrucharbeiter die alten Gefäße zerschlugen und die Eisengeräte mitnahmen. Glücklicherweise kamen per Zufall und auf Umwegen einige dieser eisernen Gegenstände doch noch ins Görlitzer Museum. Mittlerweile konnten um Jauernick etwa 60 Burgundergräber festgestellt werden. Die nächstgrößere burgundische Fundstelle wurde bei Litten, Kreis Bautzen, entdeckt. Zu einer langandauernden Besiedlung kam es trotz beherrschender Lage am Schwarzen Berg nicht. Ursprünglich von Burgundarholm, der jetzigen schwedischen Insel Bornholm, stammend, war dieses germanische Volk an der Weichsel entlanggezogen und schwenkte später nach Westen in die Oberlausitz ein. Als im Jahre 375 und später viele Völker durch den Hunneneinfall in Bewegung gerieten, verließen die Burgunder die Oberlausitz, zogen zum Thein und gründeten zwischen 406 und 413 um Worms/Mainz unter Gunther ein Königreich, das 436 von den nachrückenden Hunnen zerstört wurde. Volksreste siedelten sich danach im südöstlichen Teil Frankreichs an, wo noch heute eine Provinz Burgund liegt. Im Jahre 533 kamen die Burgunder unter die Herrschaft der Franken.

Die Burgunderfunde sind aber nicht die einzigen wertvollen Funde am Schwarzen Berg.

Im Sommer 1885 pflückte der alte Lehrer Anders aus Jauernick am südwestlichen Rand des Berges Brom- und Himbeeren. Plötzlich stutzte er, denn vor sich sah er im Gestrüpp zehn Hügelgräber. In den folgenden Wochen bemühte er sich, die damalige Gemeindeverwaltung für seine Entdeckung zu interessieren. Vergeblich! Der Lehrer starb, die Hügelgräber wurden vergessen. Erst nach Jahrzehnten entdeckte 1929 der Rechnungsrat i. R. Geisler aus Görlitz die Hügelgräber wieder. Nun brauchte es keiner Bettelei bei Ortsbehörden wegen der Freilegung der Gräber. Schon ein Jahr später begannen die Ausgrabungen. Der noch jetzt bekannte seinerzeitige Görlitzer Wissenschaftler Dr. Gandert erkannte sofort, daß die Hügelgräber von den Vorfahren der Sorben, den Milzenern, im 9. bis 10. Jahrhundert angelegt worden waren.

40

DER SCHÖNAUER HUTBERG

Im Verkehrsdreieck Löbau – Görlitz – Zittau liegen in der Oberlausitz einige Gemeinden, hinter deren Ortsnamen die Abkürzung »a. d. E.« steht, manchmal auch »a. d. Eigen«. Alle diese Orte – Bernstadt, Kunnersdorf, Altbernsdorf, Schönau, Berzdorf, Kiesdorf, Dittersbach und Neundorf – gehören zum historischen »Eigenschen Kreis«.

Bei Schönau befindet sich der 309 m hohe Hutberg. Er ragt aus dem Tal der Pließnitz landschaftsbeherrschend auf. Er ist der Berg, der viele historische Rätsel aufgab und noch aufgibt. Wir erreichen den Ort am besten mit dem Bus oder Kraftfahrzeug von Löbau aus. Auch als Ziel einer Radwanderung ist er geeignet, wobei man bis Löbau mit dem Zug fahren und dann auf das Fahrrad umsteigen kann. Die Bahnstationen liegen zu weit ab.

In Schönau a. d. Eigen angekommen, sucht unser Blick den Kirchturm, dem wir uns nähern. Bei der Kirche beginnt rechts der Auffahrtsweg und unser Aufstieg, der uns in einer Viertelstunde zu einem der beiden Gipfel bringt. Zuerst kommen wir an eine hübsche Freilichtbühne. Einst lag hier am Nordhang ein verlassener Basaltsteinbruch.

Nun stapfen wir zur höheren Basaltkuppe des Nordgipfels (309 m). Wir sehen auch schon den kleineren Hutberg, der 296 m hoch ist. Wer im Frühling und Sommer auf beide Kuppen hinaufsteigt, dem fallen verschiedene Blumen und Pflanzen auf, die er anderswo nicht oder nur selten sieht. Der verwitterte Basaltboden bringt schöne Kinder Floras hervor.

Am Gipfel stehend, genießen wir einen umfassenden

164

Rundblick. Der Blick nach Südosten zeigt uns, welche Schätze im Oberlausitzer Boden liegen. Mit Großtechnik wird im nahegelegenen Braunkohlentagebau »Oberlausitz« Rohbraunkohle abgebaut.

1889 hatte man eine Marmorsäule zur 800jährigen Jubelfeier des Herrscherhauses der Wettiner errichtet, gewidmet vom Eigenschen Kreis.

Uns interessiert auf diesem Berg, wer seine Bewohner waren, ob er ein Burgberg war; wie er im Volksmund auch genannt wird. Manchmal nennt man ihn auch Bernhardsberg. Fest steht, daß auf diesem Berg auf der Gipfelostseite ein slawischer Rundwall bestand, so daß seine das Pließnitztal beherrschende Höhe wehrtechnisch ausgenutzt wurde. Oberlehrer Schmidt, der auch am Strohmberg bei Bautzen als Ausgräber tätig war, hat eine einwandfrei slawische Besiedlung des Berges festgestellt. Die große Frage ist, ob nach der deutschen Eroberung dieses Gebietes eine Steinburg nachfolgte. Diese Annahme gründet sich auf eine Chronik von 1621, deren Inhalt jahrhundertelang kritiklos übernommen wurde, ohne zunächst wissenschaftliche Beweise liefern zu können.

Ein Dr. Wiesand hat im vergangenenen Jahrhundert die Behauptung aufgestellt, daß von Meißen aus von Rittern auch die Gegend des Eigenschen Kreises erobert wurde und einer der Ritter sich etwa um 932 am Berg festgesetzt habe, wozu er eine Burg errichten ließ.

Im Jahre 1884 verstarb in Bernstadt der Advokat Karl Lange, der eine Zeichnung der Burg anfertigte, wie er auf einem alten Ölgemälde diese gesehen haben will. Allerdings hat kein anderer dieses Ölgemälde gesehen, Lange hat auch nicht hinterlassen, wer dessen Besitzer war. Es gab Heimatforscher, die nach Überlieferungen behaupteten, daß einem Adligen Schönburg von Kamenz oder einem des Adelsgeschlechts derer von Bieberstein die Burg als Wohnsitz gedient habe. Als der letzte Bieberstein nachwuchslos gestorben sei, habe er die Burg und den Berg seiner Schwägerin (Schwester seiner Frau) vermacht, die Äbtissin im Kloster St. Marienstern bei Panschwitz-Kuckau gewesen sei.

1870 erschien das Buch des bekanntesten Oberlausitzer Adelsforschers Dr. Herrmann Knothe, der auch alle erhaltenen Urkunden des Eigenschen Kreises nachprüfte und zu dem Ergebnis kam, daß die auf einem sorbischen Wall errichtete Burg auf dem Schönauer Hutberg sehr klein, jedoch schon am Anfang des 12. Jahrhunderts bereits Ruine war. Zu einer Zeit, da die deutsche Besiedlung der Oberlausitz durch Bauern und Handwerker ihren Höhepunkt hatte, war diese Kleinstburg schon zerstört. Eine andere Chronik des Jahres 1612, die man dem berühmten Gelehrten von Görlitz, Bartholomäus Scultetus, aber auch einem Schönauer Pastor Schubert zuschreibt, behauptet, daß 150 Jahre früher, also nach 1450, von den Burggebäuden noch hohe Mauern gestanden hätten. Man habe aber die Mauern am oberen Rand abgebrochen, um Bausteine zu gewinnen. Weil die Hussiten die Schönauer Kirche zerstört hätten, wären die zwei Bauern Hermann und Engler ein ganzes Jahr mit zwei großen Wagen und vier Pferden mit Bruchsteinen zum Kirchbau gefahren.

Neue urkundliche Forschungen jedoch lassen vermuten, daß die genannten Adligen niemals die Besitzer waren. Es gibt drei Deutungsvarianten: Als 1820 der gesamte Eigensche Kreis an das Kloster St. Marienstern kam, sei die Burg als Verwaltungs- und Herrschaftssitz sinnlos geworden, auch nicht mehr bewohnt gewesen und deshalb verfallen. Manche nehmen an, daß die Städte – »Oberlausitzer Sechsstädtebund«, 1346 gegründet – um 1350 die Burg als Räubernest vernichtet hätten. Doch dies stimmt mit Dr. Knothes Forschungen nicht überein, wonach, wie erwähnt, schon zu Beginn des dreizehnten Jahrhunderts die Burg Ruine gewesen sei. Der Städtebund begann aber seine Aktionen erst im 14. Jahrhundert.

Der erste Reiseschriftsteller für die Oberlausitz, der aus Muskau stammende Prof. Dr. Nathanael Gottfried Leske, hat 1782 den Schönauer Hutberg besucht und ebenfalls noch

Reste der Mauern gesehen. Auch in dem Werk »Blicke in die vaterländische Vorzeit« des fleißigen Forschers Preusker ist von Mauerresten die Rede, die er um 1830 noch sah. Er führt sogar einen verschütteten Brunnen auf dem mutmaßlichen Burgplatz an. Wir selbst sehen den größten erhaltenen, fünf Meter langen und zwei Meter hohen Mauerrest am oberen Ende des von Süden aufsteigenden Zugangsweges. Ausgrabungen haben Eisenscherben und Gefäßreste aus dem frühen Mittelalter zutage gefördert, ebenso Knochen von Rindern, Schweinen und Vögeln. Der Burgturm soll dort gestanden haben, wo wir heute den Triangulierungsstein sehen. Spätere Grabungen brachten glasartige Schlacke, ein Bruchstück eines Aufhängehakens oder eines Sporns, wie auch eine steinerne Spinnwirtel.

Der Schönauer Hutberg wurde im Gegensatz zu vielen anderen Oberlausitzer Bergen schon recht frühzeitig als Stätte von Sommerfreuden genutzt. Schon in den zwanziger und dreißiger Jahren des 19. Jahrhunders haben zumeist wohlhabende Familien aus Bernstadt und Umgebung Berg- und Sommerfeste hier oben veranstaltet. Vor über 100 Jahren unternahm der soeben gegründete Gebirgsverein Bernstadt seinen allerersten Ausflug auf diesen Berg. Die Aussicht ist vielseitig. Schon der eingangs erwähnte Advokat Dr. Lange zählte 730 Ausschaupunkte. Leider kamen auch – wie am Rotstein – von weit und breit unerwünschte Bergbesucher, die als Kräutersammler manche botanische Rarität allmählich vernichteten. Glücklicherweise zeigt der Gipfel heute auch einen Rasen- und Kräuterteppich, über dem im Sommer zahlreiche Arten von Schmetterlingen gaukeln.

DER KOTTMAR

Im Lausitzer Bergland nimmt der Kottmar eine Sonderstellung ein. Er ist Quellenmittelpunkt, Wasserscheide, war Grenzmarke, ist geologisch und klimatologisch interessant und wurde zum Sportzentrum. Hinter dem letzten Haus von Walddorf stoßen wir links auf einen Parkplatz. Dann können wir rechts sogleich zum Gipfel emporsteigen oder zunächst zur höchstgelegenen der drei Oberlausitzer Spreequellen gehen, zum »Rabenbrunnen«, zu dem uns der Wolfsgrubenweg führt.

Etwa 100 Meter unter dem 583 Meter hohen Westgipfel entspringt die Spree zwischen prächtigen, über 100 Jahre alten Buchen. Eigentlich sind es neun Quellchen, die sich hier zu einer größeren Quelle vereinigen.

1921 hat der Gebirgsvereinsverband »Lusatia« für seine im ersten Weltkrieg gefallenen Mitglieder eine Gedenkstätte in Form eines rund zwei Meter hohen Rondells geschaffen, das 27 Namen von Verbands-Ortsgruppen nennt. 1957 wurde alles erneuert. Das darunter in der Rondellmitte entspringende Gewässer ist als Spreequelle in vertiefter Goldschrift gekennzeichnet.

Neben Ruhebänken und Stauden ragt eine mannshohe, aufrecht stehende Gesteinstafel empor. Auf spiegelglatter Oberfläche hat die Firma Alfred Hebold aus Neugersdorf unter dem Titel »Der Lauf der Spree« den Flußverlauf im Maßstab 1:200 000 reliefartig eingemeißelt. Der quellnächste Ort Walddorf ist ebenfalls in Goldschrift zu sehen. Die Staatsgrenze zur ČSFR und die bis Berlin durchflossenen Orte sind rot und der Spreelauf ist blau eingezeichnet.

Selbst das Bautzener Speicherbecken ist zu sehen. Eine eingemeißelte Aufstellung besagt: Von der Quelle bis Bautzen 52, Boxberg 97,5, Cottbus 148,5, Lübben 200, Beeskow 260, Müggelsee 351, Berlin-Zentrum 363 Kilometer. Auf keinem anderen Oberlausitzer Berg steht eine solche vortrefflich gestaltete Informationstafel.

Nun gehen wir in südliche Richtung und kommen auf dem asphaltierten Fahrweg zum Gipfel, auf dem wir links den waldfreien Steilhang und auch schon den aus Phonolithsteinen und Ziegeln erbauten Aussichtsturm erblicken. Rüstige Wanderer steigen gleich links empor, alle anderen folgen der Fahrstraße.

»Blick hernieder in der Täler Grün, Glück und Freude mögen dort erblühn« steht über der Tür des Aussichtsturms, der 15,5 Meter hoch ist. Obwohl der Kottmar ein Bergrücken ist, zeigt sich die Westseite unter dem Turm wie ein Kegel, die vulkanische Herkunft verratend. Er ist die ausgedehnteste Phonolithmasse der Oberlausitz, 1 500 Meter breit.

Drei Gesteine bauen den Kottmar auf, unten bis 540 Meter Höhe Granit, darauf 40 bis 50 Meter Phonolith, und östlich steht Basalt an. Wegen der ausgezeichneten Fernsicht hat der damalige Förster Niepraschk schon 1827 den Bau eines Lusthäuschens vorgeschlagen. Der Rat der Stadt Löbau beschloß: »Es soll dieser Bau bewerkstelligt und mit 15 Talern in Accord gegeben werden.«

1830 ist ein solches Häuschen errichtet worden, jedoch wegen seiner leichten Bauart aus Holz fiel es 1843 einem Aprilsturm zum Opfer. Einen Monat später errichtete man es neu, »durchgängig mit Kalk gemauert«. 1870 wird der Festbau als »Belvedere« erwähnt, und von 1880 blieb ein Bild erhalten.

Der Gebirgsvereinsverband »Lusatia« ersuchte am 27. März 1880 den Löbauer Rat, den Bau eines schönen Aussichtsturmes zu genehmigen. Der Rat hatte zwei Forderungen: Der Turm sollte massiv errichtet und nach einer gewissen Zeit der Stadt übereignet werden. Man einigte sich auf 20 Jahre. Baumeister Hugo Weise aus Eibau lieferte den

Entwurf. Im März 1881 begann man, die Steine direkt am Gipfel zu brechen, am 22. März war Baubeginn. Am 19. April wurde feierlich der Grundstein gelegt. In eine zinnerne Kapsel, in der eine Glasröhre steckt, legte man eine Chronik von Walddorf, zehn Münzen aus Kupfer, Silber und Nickel und eine handgeschriebene Baugeschichte.

In vielen Gemeinden rund um den Berg hatte man Geld zum Bau gesammelt. Umzogen von dichten Nebelschwaden und bei strömendem Regen wurde am 4. September 1881 der Kottmarturm feierlich eingeweiht. Am 1. Januar 1902 wurde er Löbauer Besitz. Neben dem Turm steht eine 3,5 Meter hohe Säule: »Station Kottmar der Königlich-Sächsischen Triangulierung 1864.«

Die Kottmarbaude wurde Pfingsten 1882 eingeweiht, ging 1907 in Löbauer Eigentum über, wurde 1927 umgebaut und 1965 erweitert. 1925 erhielt sie elektrisches Licht und eine Wasserleitung. Hinter der Gaststätte gehen wir auf dem Höhenrücken an Kinderspielgeräten vorbei zur größten Skisprungschanze der mittleren Oberlausitz. Sie wurde 1964 bis 1968 von den Sportlern aus Neugersdorf und Walddorf errichtet.

Der große Sprungturm aus mastdicken Holzstämmen steht auf Betonklötzen. In der schneelosen Zeit wird auf Kunststoffmatten trainiert, auch auf der kleineren Schanze daneben. Der Höhenunterschied beträgt 60 m, der Aufsprunghang ist 36 Grad geneigt, die Turmhöhe mißt bis zur Plattform 16,5 m, die Anlauflänge bei Normalstarts 53 m, die Anlaufneigung hat 35 Grad. Die Anlaufgeschwindigkeit liegt auf dieser Schanze bei 20 m/Sek. Links erblicken wir den Kampfrichterturm, und tief unten, neben dem Auslauf, befindet sich das Ski- und Sportlerheim, dem sich nach Osten ein schöner Bergsportplatz anschließt. Hier ist gewaltige Arbeit geleistet worden. Alles ist großzügig gestaltet.

Wir schlendern zur Baude zurück. Nun gehen wir wieder durch den meist aus Fichten bestehenden, fast 600 Hektar großen und seit 1311 der Stadt Löbau gehörenden Kottmarwald abwärts, und zwar über Phonolith (Klingstein), dem nördlichsten größeren Vorkommen, dessen Herd das Böhmische Mittelgebirge (České Středohory) ist. Der »Kupper«, wie ihn der Volksmund nennt, ist ein Regenstaugebiet mit hohen Niederschlagswerten. Das nahegelegene Kottmarsdorf, das kälteste Oberlausitzer Dorf, hat höhere Niederschläge als andere Orte und im Winter eine länger liegende Schneedecke.

Hier am Berg wird entschieden, ob Wasser in die Nord- oder Ostsee fließt. Während Pfließnitz und Landwasser zur Neiße, also ins Baltische Meer, fließen, streben das Löbauer Wasser und die Spree der Elbe und damit der Nordsee zu. Die Bächlein liegen hier manchmal nur wenige Meter auseinander.

Der Kottmar zählt wegen seiner beherrschenden Lage zu den hervorragendsten Aussichtspunkten des Lausitzer Berglandes. Die Fernsicht ermöglicht den Blick bis weit nach Polen, zur Schneekoppe, zu den Schneegruben, zum Roll bei Niemes, zur Sächsischen Schweiz, zum Milleschauer, zum Geising und zum Kahleberg. Die früher noch größeren Wälder im Norden waren samt Berg die Grenzscheide zwischen den sorbischen Milcane (Bautzener Raum der Mark Meißen) und Zagost (Zittauer Gebiet bei Böhmen). Seit 1458 wurde der Wald bereits von einem Förster behütet. Viele Wilddiebe galt es zu bekämpfen.

Etwa 30 bis 40 Minuten von der Spreequelle entfernt liegt auf östlichem Berghang in 440 Meter Höhe die Kottmarschenke bei den Kottmarhäusern, die bereits am 1. Juni 1732 eröffnet wurde. Als Kuriosum sei vermerkt, daß der Gastwirt wegen des »liederlichen Gesindels« Richterfunktionen zugesprochen erhielt und Schläger, Diebe usw. mit den Beinen in eine Holzbank ein- und mit zwei Fußschellen an die Wand anschließen durfte und mußte.

Über den Bergnamen gab und gibt es Meinungsverschiedenheiten. Die einen deuten ihn als Berg eines Chotemir nach einem sorbischen, die anderen leiten ihn von einem frühdeutschen Personennamen Godomar, Godemar oder Codmar ab. Das gleichnamige Dorf wurde 1306 erstmals als

»Khotdmersdorpp« erwähnt. Ebenso geteilt ist die Meinung über den Berg als Kultstätte. Einerseits soll er Verehrungsort der altslawischen Göttin Mara gewesen sein, andererseits sei der germanische Wettergott Wodan am Berggipfel verehrt worden.

Lange Zeit hat alljährlich zu Pfingsten das Steinerollen vom Gipfel stattgefunden, an dem sich die Bewohner der umliegenden Dörfer beteiligten. Am Pfingstabend, so wird noch 1736 berichtet, wallfahrten sie »wohl zu etlichen Hunderten auf den Berg«. Das waren verblaßte Reste eines uralten Kultes. Überdies gibt es die Sage, daß der Kottmar einmal platzen werde. Damit hat das Volk schon zeitig den Wasserreichtum erkannt. Das Herabrollen der Steine jedoch kann die Erinnerung an die Zerstörung eines ehemals heidnischen Mittelpunktes am Berggipfel sein.

Wir freuen uns heute, daß der gesamte Kottmar zu einem 9,5 Quadratkilometer großen Landschaftsschutzgebiet gehört, das zu allen Jahreszeiten zahlreichen Besuchern Freude bereitet.

42

DER BECKENBERG

Der Beckenberg (407 m), den wir nunmehr besuchen, ragt am nordöstlichen Ortsrand von Eibau auf. Zuerst suchen wir den Abzweig, wo der Wegweiser »Zur Beckenberg-Baude« steht. Wir beginnen unseren Aufstieg, der schon in einer Viertelstunde am Gipfel endet. Er ist bequem erreichbar. Auf drei Seiten fallen Hänge stark ab. Unmittelbar vor der Baude blicken wir rundum in die Ferne. Weil auch dieser Berg völlig freistehend ist, behindert kein »Bergkonkurrent« die Weitsichten.

Zunächst fällt der Blick auf die burgartige Erhebung des Jeschken in der ČSFR. Man sieht aber auch viele andere ke-gel- und kuppenartige Berge ringsum, weil hier vor etwa 30 Millionen Jahren rege Vulkantätigkeit war. Sie bestehen fast alle aus Basalt, aus Nephelinbasanit. Am Nordhang un-seres heutigen Berges sind auch tertiäre Tuffe, Vulkan-aschen, die alle umliegenden Ackerflächen rötlich bis hell-violett färbten. Wir schauen auch in das Landwassertal, dessen Gewässer, wie auch die an anderen Seiten des Berges, nur geringe Kraft zum Antrieb von Mühlen erbrachten. Des-halb stand auf dem Beckenberg eine Windmühle, zwei an-dere in naher Umgebung. Die Bergwindmühle wurde bereits 1759 erbaut. Auch ein Wohnhaus und eine Scheune gehör-ten dazu.

Um die Jahrhundertwende zum 20. Jahrhundert ver-schwand auch sie, wie auch anderenorts, weil fast alle unren-tabel geworden waren.

Wegen der prachtvollen Lage blieb jedoch der Beckenberg nicht verwaist. Nur wenige Jahre später wurde die große

173

Bergbaude errichtet. Sie dient nunmehr als beliebte und von zahlreichen Urlaubern besuchte Berggaststätte.

Die nahestehende ehemalige Scheune wurde zum Museum umgestaltet. Zuerst befand sich das Museum in der Gaststätte selbst, wo es am 28. Juni 1923 eröffnet worden war. Da jedoch in den folgenden Jahren der Gastwirt diese Räume benötigte, wandelte man die Scheune um, und 1938 konnte das Museum hier einziehen.

Wie viele Urlauber, Ausflügler, Heimatfreunde und Schulklassen besuchen auch wir die gepflegte Gaststätte. Hier erfahren wir auch, daß die ersten Bestrebungen für ein Eibauer Museum schon bis in die sechziger Jahre des vergangenen Jahrhunderts zurückgehen. Ein in der Gemeinde sich organisierender »Fortbildungsverein« trug sich zur Hebung der Volksbildung mit dem Gedanken, ein Museum heimatlichen Charakters zu gründen. Geld war keines vorhanden, dafür um so mehr Begeisterung unter den Einwohnern. Man muß noch heute staunen, was diese einfachen Dorfleute an naturwissenschaftlichen und kulturhistorischen Dingen zusammentrugen. Im Jahre 1900 waren zwei Räume des Gerichtskretscham übervoll mit den gesammelten Gegenständen. Auch in den letzten Jahrzehnten hat unter der Eibauer Einwohnerschaft die Sammelleidenschaft nicht nachgelassen. Anfang der fünfziger Jahre konnte man echte Oberlausitzer Schränke mit landschaftstypischer Malerei aufstellen.

Wenn wir uns nach dem Gasthausbesuch im Museum umschauen, dann entdecken wir manche Rarität. Die alte Weberstube ist der Beginn einer Darstellungsreihe der Textilherstellung durch Jahrhunderte, die als bisherigen Endpunkt Bilder moderner Automaten zeigt. Weil es in Eibau einen Züchter exotischer Schmetterlinge gab, kann man hier oben am Berg deren vielfarbige Pracht in zahlreichen Varianten bewundern. Interessant auch die zwei beweglichen Krippen, die ein Eibauer während seiner Freizeit in vierzig Jahren schuf. Aus 6 200 Streichhölzern hat Max Bocek im Maßstab 1:100 ein »Zukunftsbild vom Beckenberg« gebastelt. Für einen Friseur eine beachtliche Leistung. Wir entdecken einen großen, massiven Tisch, unter dessen Platte ein Geschirrschrank eingebaut ist und der aus dem Jahre 1773 stammt.

Einmalig ist sicherlich die Aushängetafel des seinerzeitigen »Böhmischen Lottos« aus dem Jahre 1752. Darauf sind fünf »Richtige« angesteckt. Um soviel Geld aufzubewahren, benutzte man eine um 1800 hergestellte eiserne Geldtruhe mit Geheimfach, die nur durch Drehen und Schieben von kleinen Eisenrosen in zwölf Varianten geöffnet werden konnte. Für das Kleingeld reichten die »Geldkatzen«. Was es früher an Geld gab, zeigt eine numismatische Sammlung. Wer weiß heute schon, daß einstmals in Eibau Porzellan hergestellt wurde, wie eine Tasse und ein Sahnegießer in Weiß mit blauer Verzierung beweisen.

Staunen würde die Jungfrau Anna Rosalia Schöbel, wenn sie sähe, daß wir ihr Brautkleid aus dem Jahre 1850 bewundern. Obwohl über 140 Jahre seit ihrer Hochzeit vergangen sind, haben bis jetzt die Motten noch nicht ihr Zerstörungswerk begonnen. Niemand vermutet solche musealen Kostbarkeiten auf einem Berg.

Beim Abstieg fragen wir uns nach des Bergnamen Herkunft. Ganz geklärt ist dies nicht. Die wohl beste Erklärung ist, daß der Berg bis um 1900 »Becker- oder Bäckerberg« hieß. Wie wir wissen, hat bis zur letzten Jahrhundertwende eine Windmühle auf dem Berg gestanden. Vielleicht hat der Windmüller als Nebengewerbe in einem neben der Mühle stehenden Backofen gebacken.

Wir wollen noch hinüber zum Lerchenberg, der mit seinen 467 m sogar sechzig Meter höher ist. Sobald wir auf die Hauptstraße stoßen, wenden wir uns nach rechts. Nordwestlich durch Eibau gehend, sehen wir manches Interessante. Erstmals 1352 als Ywa, 1367 Yba, 1416 Eybe und 1567 Eybaw erwähnt, leiten einige Namensforscher den Begriff von »Niederlassung an einer Eibe« ab. Möglich ist aber auch, daß sich der Ortsname von einem gleichnamigen Adelsgeschlecht ableitet. Der ersten Deutung entsprechend, hat der Ort eine Eibe im Ortswappen. Bei solchen heraldischen Deutungen ist allerdings äußerste Vorsicht geboten, denn nicht immer stimmen die nächstliegenden Erklärungsversuche. Wir haben dies schon bei der Namenserklärung von Taubenheim erfahren, hinzugefügt sei, daß die nahe Stadt Ebersbach einen Eber im Wappenschild führt, doch in Wirklichkeit stammt der Name vom Locator Eberhard. In Eibau läßt sich besonders gut die ehemalige Geländeflouraufteilung der Hufen erkennen. Fast 2,5 km ziehen sich die Hufen von den ehemaligen Gehöften bis zur Flurgrenze. Wir entdecken wertvolle Türstöcke aus Granit oder Sandstein. Es gibt hier noch viele Hinterlassenschaften architektonischer Art aus dem Zeitalter des Barocks. Eine gewisse Wohlhabenheit an manchen Häusern führt daher, weil Eibau 1729 in weiter Umgebung die meisten Leinweber hatte, die zwar arm waren, aber einige Faktoreiinhaber reich machten. Diese durchbrachen bald das Privileg, wonach nur Stadtkaufleute im Fernhandel wirken durften, und gingen selbst auf ausländische Messen, lieferten nach Übersee. Seit 1877 fand auch die Bürstenindustrie hier ein Herstellungsgebiet. Das erstklassige Eibauer Schwarzbier wurde schon 1810 in der im Ort bestehenden Brauerei gebraut. In vielen Oberlausitzer Bergbauden ist dies ein gefragtes Getränk. Geologisch ist bemerkenswert, daß es in Eibau, obwohl es hoch und an der Südgrenze des ehemaligen Gletschergebietes der Eiszeit liegt, noch 6 m hohen Geschiebelehm an verschiedenen Stellen gibt. Feuersteine von der Ostseeküste, Porphyre aus Schweden, sogar Braunkohlenteile, die aus der Niederlausitz stammen, sind hier zu finden. Man hat Gesteine gefunden, die eindeutig vom Löbauer Berg stammen.

Es könnte noch viel von Eibau berichtet werden, doch wir sehen nun die links von uns laufende Eisenbahnlinie, die wir von der Hauptstraße aus in südwestlicher Richtung überschreiten. Schon erblicken wir die Wege, die zum Lerchenberg hinaufführen. Einen wählen wir. Je höher wir kommen, umso besser sehen wir, wie vom Bahnhof Eibau die Eisenbahn um den östlichen und nördlichen Hang des Lerchenberges führt. Eigenartig ist auf dem Lerchenberg die Entwässerung. Ein Achtel der Bergmasse entwässert zur Spree, während von den anderen Hängen die Rinnsale zum Landwasser fließen. Der Berg besteht aus Nephelinbasanit. Sein Name stammt sicherlich von Lärchen.

1790 hat man auf diesem Berg aus heutiger Sicht ein Verbrechen begangen, indem man ihn radikal abholzte, um Akkerland zu gewinnen, obwohl der schotterige Untergrund keine großen Erträge versprach. Einstmals hat sich hier ein weiter Wald, der sich bis nach Neugersdorf erstreckte, hingezogen. 1835 war man forstkundlich schon gescheiter und pflanzte wieder Bäume an, woraus sich das jetzt zu sehende Wäldchen auf der Ostkuppe des Berges entwickelte. Noch während des Dreißigjährigen Krieges haben sich in diesem früher großen Wald Eibauer versteckt. Von der Gipfelspitze haben wir einen schönen Überblick in jene Gebiete, wo die Neiße ihre ersten Zuflüsse erhält.

43

DER SPITZBERG

Auch den Verwöhnten, der jeden Winkel, jede Ecke des an
Naturschönheiten reichen Lausitzer Berglandes kennt, er-
greift ein angenehmes Gefühl, wenn er den aus der Landschaft jäh aufsteigenden Oberoderwitzer Spitzberg (510 m)
besteigt. Dessen ebenmäßige Form, die herrlichen Phono-
lithsäulen am Gipfel und der weite Rundblick sind die Ursachen. Er ist der unumstrittene Beherrscher des Landwasser-
oder Oberoderwitzer Tales. Beginnen wir zu erwandern, worauf wir uns schon von weitem freuen.

Zunächst begeben wir uns in das Ortsdreieck Eibau-Spitz-
kunnersdorf-Oberoderwitz. Als besten Aufgang zum Gipfel,
weil auch von weniger Rüstigen begehbar, wählen wir den
Weg von Oberoderwitz aus. Erst gehen wir durch Felder,
bald müssen wir uns umschauen, damit wir zum Gipfel blikken können. Am Bergfuß angekommen, wird von uns eine
Entscheidung verlangt: Es gibt einen bequemen, aber auch
einen steilen Aufstieg, wie sofort erkennbar ist. Wir gehen
weiter und kommen an den Weg, der aus Spitzkunnersdorfer
Richtung durch Viehweiden zum Berg führt. Nun befinden
wir uns schon an einer langen Schlehdornhecke, bald aber
auch am Waldrand. Große Teile des Spitzberg-Massivs zeigen Fichtenwald, nur der Südhang setzt sich aus Eichen-,
Birken- und Ebereschenbeständen zusammen. Der Nordhang weist aber auch Eschen, Bergulmen, Haselsträucher
und andere Laubholzarten auf.

Hellgraue Steine am Wegesrand verraten uns schon etwas
über die Geologie dieses Berges. Zu unterschiedlichen Zeiten waren hier Riesenkräfte am Werk. Zuunterst liegt die

große Oberlausitzer Granitmasse, darüber steht Basalt an, dem darüber Phonolith, also Klingstein, aufgesetzt ist. Letztgenannten erkennen wir, wenn wir an einen der plattig geformten Steine mit dem Fuß stoßen. Er klingt helltönig zum Unterschied von anderen Steinen, die dumpf tönen. Auch die schöne Form des Berges, die Kegelgestalt, ist der Prototyp der ehemaligen Vulkanberge der Oberlausitz und der böhmischen Bergketten. Vulkanischen Ursprung verraten auch die braunen, aber auch die fast dunkelvioletten Tuffe, die dem Ackerboden eine rotbraune Färbung geben. Auf solchen Vulkantuff-Böden im Saazer (Žatecer) Gebiet der ČSFR gedeiht der beste Hopfen der Welt, weshalb sich in genannter Stadt auch alljährlich aus der ganzen Welt Hopfengroßhändler zum Ankauf einfinden bzw. sich von dort berichten lassen. Zentrum des Vulkanismus, der unsere Vulkanberge, aber auch das Böhmische Mittelgebirge entstehen ließ, war jedoch das weniger bekannte Duppauer Gebirge (Doupovské hory) zwischen Pilsen und Karlsbad.

Gigantische Vorgänge waren die Ursachen, daß durch den dicken Granitsockel zuerst der Basalt aus- und aufgeworfen wurde und schließlich durch beide hindurch der Phonolith geflossen ist. Diese geologischen Vorgänge waren nur durch eine Hitzeentwicklung von mehreren hundert Grad möglich, weil die untersten Schichten geschmolzen werden mußten.

Unter solchen geologischen Überlegungen haben wir bald das kleine Gipfelplateau erreicht. Links steht das Berggasthaus, rechts befindet sich ein kleines Gewässer, und daneben ragt der steile Gipfelkegel auf. Etwa halbkreisartig steigen wir auf den durch Geländer gesicherten Stufen hinauf. Prachtvoll ist die Rundsicht. Die Südostseite zeigt schöne, etwas schräg nach oben laufende und etwa einen halben bis einen Meter dicke Säulen. Weil wir solche in der Oberlausitz nicht oft haben, nur am Strohmberg und im Zittauer Gebirge befinden sich gleiche oder ähnliche, hat man diese Gipfelsäulen bereits im Jahre 1935 unter strengen Naturschutz gestellt. Wie auf anderen markanten Bergen der Oberlausitz erhebt sich auch hier oben ein Triangulierungsstein der ehemaligen sächsischen Landesvermessung aus dem Jahre 1864. Jeder, der am Gipfel steht, ist den Oberoderwitzer Heimatfreunden dankbar, daß sie Entfernungs- und Ortsbestimmungsangaben auf Leisten angebracht haben, denn sonst könnte man sich nicht in der überwältigenden Fülle der geographischen Einzelheiten zurechtfinden.

Unser Blick streicht über Teile des Isergebirges, über die Vorberge der Schneekoppe im Riesengebirge, fast nahe ragt die Lausche auf, dann der Hochwald, der Pirsken, der sargdeckelartige Botzen bei Schluckenau. Dort drüben melden sich der Valtenberg, der Mönchswalder Berg, der Rotstein und der Löbauer Berg. Wir erspähen die Königshainer Berge, die Landeskrone, den Kottmar, den Špičák (ebenfalls Spitzberg) bei Varnsdorf usw. Diese imposante Rundsicht ist möglich, weil der Spitzberg von allen Seiten freistehend ist.

Wir erfreuen uns auch an den mehrfarbigen Flechten am Gestein. Wir blicken hinunter nach Oberoderwitz, ein etwa acht Kilometer langes Dorf, das erstmals 1384 erwähnt wurde. Ursprünglich ein Bauerndorf, wandelte es sich im 16. Jahrhundert zu einem Hausindustriedorf mit starker Hausweberei.

Wir wenden uns nach dem Gipfelabstieg etwas nach links zum kleinen Weiher. Entweder ist er ein kleiner Vulkanschlot oder Produkt der Verwitterung. Die Sage weiß es aber anders: Wilde Riesen haben einst hier oben gehaust, den Göttern und den Menschen gram. Mit sechs goldenen Kugeln haben sie Tag für Tag hier oben am Bergplateau gekegelt. Auch die neun Kegel bestanden aus purem Gold. Jeder »Alle-Neune-Wurf« hat landerschütterndes Grölen ausgelöst. Auch des Nachts wurde oft gekegelt. Eines Nachts aber war gerade Mitternacht vorbei, als aus Rache der Götter vom Himmel ein Feuerball herniederfuhr, der einen Abgrund im Berg öffnete, der Riesen, Kegel und Kugeln verschlang. Diese Feuerkugel jedoch habe die Riesenspielzeuge zu einem einzigen Goldklumpen zusammengeschmolzen, und ein Tüchtiger könne ihn bergen, endet die Sage.

Für die gesamte Umgebung war der Berg schon vor Jahrhunderten eine Stätte fröhlicher Zusammenkünfte. Nach 1794 pilgerten z.B. am Pfingstabend viele Menschen auf den Berg. Während der gesamten Nacht wurden Steine vom Gipfel gerollt, und es wurde dabei bis Sonnenaufgang gesungen. Auch Freudenböllerschüsse wurden ausgelöst. Bräuche, hier wie dort. Da uns nicht sagenhafter Reichtum lockt, vielmehr die nahegelegene Gaststätte, treten wir dort ein. Das einzeln stehende Gebäude wurde 1891 vom Bauern Alwin Palme erbaut, wie an der Außenwand geschrieben steht. Aber schon vor der Errichtung der Gaststätte konnte man an schönen, regenlosen Tagen seit 1876 Beköstigung und Erfrischung am Berg erhalten. Als Nachricht für die im Tal Stehenden gab es ein einfaches Verfahren, wie es auch auf dem Nonnenfelsen im Zittauer Gebirge und auf der Schneekoppe im Riesengebirge schon viel früher angewendet und von dort wahrscheinlich übernommen wurde. Die Bewirtungsbereitschaft wurde durch eine am Gipfel gehißte Fahne angezeigt. Sah man keine, so unterblieb die Beköstigung.

Im Gegensatz zu anderen unbekannten Oberlausitzer Bergen, deren Namen wir erst im 18. oder gar im 19. Jahrhundert erstmals erfahren, wurde der Spitzberg bereits 1596 im Oberoderwitzer Schöppenbuch erwähnt. Ein Vorzug seiner Lage ist auch, daß er an der vielbefahrenen Hauptstraße in das Zittauer Gebirge liegt.

Wer viel Zeit mitbringt, kann auch die Nachbarberge Stumpfe- (438 m), Künel- (388 m), Köchlerberg (345 m) wie auch die Wilhelmshöhe (386 m) besuchen, die jedoch allesamt keine Gaststätte aufweisen. Es empfiehlt sich Verpflegung aus dem Rucksack. Diese verlockenden Nebenziele haben aber für den echten Natur- und Heimatfreund den Vorteil, daß sich über sie noch kein Fremdenverkehrsstrom ergießt.

Noch etwas Interessantes entdecken wir am Spitzberg: Viele Berge wurden in den Jahrzehnten ohne Naturschutz durch Steinbrüche verschandelt, am Spitzberg trat jedoch dadurch das Gegenteil ein. Durch Steinbrüche in der Zeit vor dem ersten Weltkrieg erhielt der Berg im Nordosten eine noch erhabenere Steilheit. Betont wird dies auch dadurch, daß das am Bergfuß liegende Landwassertal 200 m tiefer liegt. Eines möchte ich noch hinzufügen: Ich bin seit vielen Jahren in der gesamten Freizeit auf den Oberlausitzer Bergen unterwegs, konnte aber von keinem so weit nach Polen hinein blicken wie an einem klarsichtigen Tag vom Spitzberg. Ich konnte sogar das Bober-Katzbach-Gebirge (Góry Kaczawskie), das immerhin 60 km weit in unserem östlichen Nachbarland liegt, gut erkennen. Auch der Hohe Schneeberg bei Tetschen (Děčin) war in südwestlicher Richtung in 50 km Entfernung gut zu sehen.

Beim Hinabgehen denken wir daran, daß der ab 420 m Höhe aufragende Phonolit gut spaltbar ist, aber keinen harten Verschleiß aushält. Er wurde früher gern als Haus- und Gartenmaterial verwendet, wie in ringsum liegenden Dörfern noch zu sehen ist. Nunmehr ist selbstverständlich jegliche Steinentnahme vom Spitzberg untersagt, denn er soll auch kommenden Geschlechtern ein Kleinod in der Kette der Oberlausitzer Berge sein.

44

DER BREITEBERG

»Hier gibt's Erholung mit Weitsicht«, sagte ein Großschönauer Bürger, mit dem wir zum 510 m hohen Breiteberg im Ortsdreieck Bertsdorf, Hainewalde und Großschönau hinaufstiegen. Rund um den Berg, den Rest eines ehemaligen Vulkans, dehnt sich ein schönes Naherholungsgebiet aus. Der kürzeste Aufstieg erfolgt von den Breiteberghäusern, nach denen wir in Großschönau fragen. Dann sind wir in etwa zwanzig Minuten am Ziel. Mit der Eisenbahn Fahrende steigen im Bahnhof Hainewalde aus und erreichen in etwa 60 Minuten, sich immer nach dem Wegezeichen richtend, das Ziel. Man kann aber auch von Bertsdorf kommen.

Wie wir es schon beim Oberoderwitzer Spitzberg gesehen haben, ist auch dem Breiteberg eine Basaltdecke untergelagert, auf der sich Phonolith aufgesetzt hat. Die gutausgebildeten Phonolithplatten stehen am Gipfel in verschiedenen Richtungen. Nur an der Südseite stehen sie senkrecht. Man hat den Berg mit Fichten aufgeforstet, doch entwickelt sich erfreulicherweise auch Laubmischwald. Wenn man an der Wetterseite, etwa Nordwest, Bäume sieht, deren Wipfel deformiert sind, so denkt man unwillkürlich an ein Hochgebirge. Wer von der Straße Großschönau – Bertsdorf kommt, der entdeckt einen Gedenkstein aus Sandstein. An dieser Stelle wurde 1825 eine Bertsdorfer Frau ermordet. Am Westhang entdecken wir die Kratzdistel, die südosteuropäische Silber- und Wetterdistel, die Wucherblume und Pechnelke. An verschwiegenen Stellen, glücklicherweise, wachsen noch Orchideen, deren Standorte wir im Interesse ihrer Erhaltung für kommende Generationen nicht verraten möchten.

Nun nähern wir uns dem Gipfel. Unser Großschönauer Begleiter hatte recht, die Aussicht ist wundervoll, sie ist umfassend. Wieder können wir die Schneekoppe in 58 Kilometern Entfernung und den Jeschken sowie den Valtenberg (35 km), die Königshainer Berge (32 km) und viele andere Erhebungen und Orte sehen, die wir schon auf anderen Bergtouren erwähnten. Seit 1880 ist dieser Berggipfel ein sehr gefragtes Ausflugs- und Wanderziel. Die Gipfelbauten, Baude und Turm, sind nicht, wie auf vielen anderen Bergen, das Werk eines Gebirgsvereins, sondern von Einzelpersonen. 1880 einigten sich der Hainewalder Mitbesitzer des Berges, der Bauer Carl Ernst Stübner und der Breitebergschenkwirt Franz Johann Vorknecht über den Bau eines Turmes und einer Baude auf dem Breiteberg, den sie dann auch verwirklichten. 1881 wurde die Baude zur Pfingstzeit eröffnet. Der gleichzeitig errichtete Holzaussichtsturm, zwölf Meter hoch, hielt allerdings nur knapp zwanzig Jahre. Er mußte 1898 bereits wegen starker Beschädigungen, u. a. durch Blitzschlag, abgerissen werden. 1936 errichtete man nach dem Plan des Zittauer Architekten Schiffner einen steinernen, dreizehn Meter hohen Aussichtsturm. Die dazu notwendigen Bausteine brach man an der Südseite des Berges. Es sind Phonolithplatten, wie sich jeder überzeugen kann. Über eine halbe Million Kilogramm Baumaterial mußte mit 1 200 Fuhren auf den Gipfel gebracht werden. Seit fast 50 Jahren heißt er Dr. Curt-Heinke-Turm, so benannt nach dem im Jahre 1934 tödlich verunglückten Erforscher der geologischen Verhältnisse im südlichen Teil der Oberlausitz, der nur 44 Jahre alt wurde, (Dr. Curt Heinke, 1890–1934). Geologie war sein Hauptarbeitsgebiet. An der Turmkrone befinden sich Orientierungsangaben, die 1955 von Natur- und Heimatfreunden erneuert wurden, so daß sich jeder Bergbesucher rasch zurechtfindet. Dies hat Heimatfreund Richard Mättig besorgt.

Drei Jahre lang, von Mitte 1981 bis zum Sommer 1984, war die Bergbaude unbewirtschaftet. Eine Familie hat sich um die Wiedereröffnung und zuvor um die Renovierung verdient gemacht. Es ist nicht einfach für die Bergwirtsleute, hier eine gute Bewirtung zu garantieren, denn die Ware ist nur mit einem Jeep heraufzuschaffen. Das Wasserproblem ist gelöst, das wichtigste Naß wird mittels einer Motorpumpe von einer am Bergfuß liegenden Quelle durch Rohrleitungen emporgepumpt.

45

DER OYBIN

Er ist der Star unter den Oberlausitzer Bergen. Viele Bücher
sind über ihn geschrieben worden, und die Fülle des Erzählenswerten zwingt uns, nur das Allerwichtigste aufzuzählen.
Berg und Ort Oybin sind neben Bautzen die von Fremden
meistbesuchten Stätten der Oberlausitz. Der bienenkorbartige
Felsen überragt die Talsohle um etwa 123 Meter. Mit der
Schmalspurbahn angekommen, erreichen wir beim Hotel
»Oybiner Hof« am Bergfuß den Aufgang zum Berg. Auf Steintreppen nähern wir uns der rechter Hand stehenden Dorfkirche, in der Oberlausitz auch gern »Hochzeitskirchlein« genannt. Sie verfügt über herrliche Malereien an Decken und
Emporen. Der Altar ist ein Werk des berühmten böhmischen
Holzschnitzers Anton Max aus Bürgstein bei Haida.

Am Weg zur Ritterschlucht gehen wir an gelbflächigen
Wänden (Flechten) entlang. Rechts am Eingang liegt die
Fundstätte einer bronzezeitlichen Gießerei, die beweist, daß
dieser merkwürdig geformte Berg schon vor etwa 3 000 Jahren genutzt wurde. Über der Ritterschlucht sehen wir schon
die Burgruinen von 1311, nunmehr Bergmuseum. Vorbei an
der Ruine des Pförtnerhauses, in der Klosterzeit Schneiderstube, und dem oberen Torturm mit dem Grundriß eines unregelmäßigen Fünfeckes erreichen wir nach wenigen Schritten den Burghof. Im Norden steht das 1364 erbaute
Kaiserhaus, das danach den Cölestinermönchen diente. 1577
zerstörten Blitzschlag und Brand diese Baulichkeiten. Wir
gehen zurück und stehen rechts vor einem Trümmerstück,
worauf das Denkmal Christian Pescheks (1789–1859), eines
Erforschers von Ort und Berg Oybin, 1861 errichtet wurde.

186

Links erhebt sich die Westfassade der frühgotischen, 1366 bis 1384 erbauten Klosterkirche. Noch heute kann man an ihren Wänden über 40 Steinmetzzeichen entdecken. Über dem Kreuzgang befanden sich früher noch drei Kapellen. Die Kirchenhalle ist 30 Meter lang und elf Meter breit. Am Ostausgang des Kreuzganges beginnt der Aufgang zum Bergfriedhof. Die ältesten Grabmale sind so alt wie der Ort Oybin, nämlich bis in das 16. Jahrhundert zurückreichend.

Wir stehen nun an der höchsten Stelle. Der sogenannte Bergringweg mündet an dem in schweizerischem Stil gebauten Berggasthaus. Wenn wir von einem durch Geländer gesicherten Felsplateau hinab in den Hausgrund blicken, erinnern wir uns, daß auch dort Tongefäße und Urnenteile gefunden wurden, die von uralter Besiedlung künden. Unsere Aufzählung umfaßt nur einen Bruchteil des zu Sehenden. Hinweistafeln vermitteln uns noch vieles Sehenswerte. Wir müssen uns jetzt der Entstehung all dieser historischen Zeugen zuwenden. Auch das Bergmuseum gibt uns darüber umfassend Auskunft.

Es wurde 1879 von Dr. Alfred Moschkau gegründet. Der Berg besteht aus Sandsteinbänken, die in 38 Schichten – Dicke zwischen 0,10 m bis 6,50 m – aufeinanderliegen. Jahrtausende bedeckten fast undurchdringlicher Urwald und Felsgewirr diese Landschaft. Es muß aber dennoch für den Berg Interesse bestanden haben, denn es siedelten sich hier Jungstein- und Bronzezeitmenschen an. Vermutlich bestanden hier schon Waldstege nach dem böhmischen Kessel, worauf einfachster Handel getrieben wurde. Um 1256 drangen Jäger des böhmischen Lehnsherren Qualo von Leipa zur Jagd in die dichten Urwälder ein. Plötzlich entdeckten sie einen großen Bären, der sich in seiner Todesangst in das Felsgewirr flüchtete. Verfolgt von Jägern, kletterte er immer höher und höher und die Jäger ihm nach. Auf dem Gipfel töteten sie den Bären. Erstaunt waren die Jäger über die Schönheit dieses Berges. Zurückgekehrt, empfahlen sie ihrem Herren, am Gipfel ein Haus zu bauen, was auch geschah.

1258 ließ Qualo von Leipa auf dem Oybin ein »kleines Haus« bauen, daß die viel benutzten Wege über das Gebirge nach Böhmen schützen sollte. Diese Burg wurde aber 1291 von den Zittauern gestürmt und zerstört, weil ihre Besitzer als Raubritter und Wegelagerer die Umgebung heimsuchten. Aber 1311 ließ Heinrich von Leipa, der Sohn Qualos, den Berg wieder befestigen. Es entstand eine achttürmige Burg. Später, im Jahre 1364, gab Kaiser Karl IV. der Stadt Zittau den Auftrag zum Bau eines Kaiserhauses. Statt des Kaisers, der sich vermutlich hier einen Alterssitz schaffen wollte, siedelte er hier im Jahre 1366 Cölestinermönche an, deren Orden er zuvor auf einer Reise nach Avignon kennengelernt hatte.

Die Reformation umging auch den Oybin nicht, denn 1555 verließ der letzte Mönch diesen Berg. 1574 kaufte die Stadt Zittau den Berg samt Bauten und Wäldern zum Preis von 68 000 Talern. Doch die Freude der Stadt war kurz: 1577 setzte ein Blitzschlag Burg und Kirche in Brand. Starke Verwüstungen richteten 1681 berstende Felsen an. An der Wende zum 19. Jahrhundert pilgerten immer mehr Menschen auf den Berg, so daß 1793 am Oybin die Vorläuferin einer Berggaststätte, eine einfache Kaffeeküche, eröffnet wurde.

In der Blütezeit der Romantik verstärkte sich die Anzahl der Besucher. 1830 wurden sogar Eilwagen der Postkutsche nach dem etwa um 1546 gegründeten Dorf Oybin entsandt. Schon 1845 fand am Berg ein Sängerfest statt. Wiederum Jahre später wurde 1873 das Dorf Oybin als erster Oberlausitzer Ort überhaupt in den »Verband der sächsischen Sommerfrischen« aufgenommen. Als 1890 die Schmalspurbahn Oybin eröffnet wurde, nahm der Besuch des Berges Massencharakter an. Zum eigentlichen Kurort wurde Oybin im Jahre 1905. Schon 1900 gab es 3 074, 1911 aber 11 764 Gäste. Zwischen 1911 und 1912 mußte aus diesem Grunde die Kleinbahn zweigleisig ausgebaut werden.

Unbestritten ist der Oybin unter den Bergen des In- und Auslandes etwas ganz Besonderes wegen seiner Lage, seines

Aussehens, seiner Geschichte und nicht zuletzt durch die historische Bergkirche. Eine Rarität ist auch der erwähnte Bergfriedhof, dessen Art es nur noch zweimal auf der Welt gibt, nämlich in Rio de Janeiro und bei Genua. Die eigentlichen Entdecker des Oybin in der Neuzeit waren mit ihren schönheitsempfindenden Augen berühmte Kunstmaler, wie Caspar David Friedrich, Carl Gustav Carus, Ludwig Richter, Adrian Zingg und viele andere.

Obwohl wir über den Oybin viel wissen, bleibt seine Namensgebung ein Rätsel. Er hieß zeitweise Moibin, Oywin, Moyben, Moywyn, Owen, auch Owbn und Oyben, woraus schließlich Oybin wurde. Was der Name bedeutet, blieb und bleibt ein Rätsel. Zwar gibt es den slawischen Namen Mojmir, auch den altsorbischen Moyko (ein sorbischer Adliger, der 1222 noch die Burg Stolpen besaß), aber ob Bergname und diese Personennamen in Einklang zu bringen sind, das konnte noch nicht ermittelt werden. Auch mit einem sorbischen Vornamen Mojba könnte ein Zusammenhang bestehen.

Bis ins 13. Jahrhundert hinein ist wenig bekannt, was am und unterm Berg geschah. Tönerne und steinerne Gußformen beweisen, daß bronzezeitliche Handwerker vorher am Berg wohnten. Sie stellten Pfeilspitzen, Ringe und Tüllenbeile und manches andere her. Steinerne Handmühlen, Wetzsteinbruchstücke, Webstuhlgewichte und anderes mehr beweisen ihre Wohnhaftigkeit. Die Siedlung am Berg muß groß gewesen sein, denn zu ihrer Sicherung diente im sogenannten Hausgrund neben anderen Befestigungen am gesamten Berg auch ein etwa 60 m langer und etwa vier Meter hoher senkrechter Steinwall, der nicht von einer nur kleinen Horde errichtet werden konnte. Man nimmt als fast sicher an, daß diese Bronzezeitsiedlung vor allem die einzige Verbindung zwischen der Gegend von Reichenberg in Böhmen dem Zittauer Kessel zu schützen hatte. Noch ist nicht gänzlich geklärt, ob die nur wenig westlich von Oybin aufragenden Thomassteine zur Sensation prähistorischer Art in der Oberlausitz werden. 1941 entdeckte man an ihnen wahrscheinlich vorgeschichtliche Felsbilder, kräftige Einritzungen, vermutlich ein stilisiertes Pferd und eine Vogeldarstellung, die gut in die Zeit passen, als der Oybin bewohnt war. Das wären die ersten prähistorischen Felsbilder der Oberlausitz. Wollen wir abwarten, was weitere Forschungen der Prähistoriker und anderer Fachwissenschaftler ergeben werden.

Am Himmelfahrtstag 1366 fielen die Zittauer Ratsherren aus allen Wolken, denn zwei Cölestinermönche mit weißer Kutte und schwarzem Schultergehänge wiesen im Ratssaal eine kaiserliche Urkunde vor, wonach die Stadt am Berg für die Mönche zu bauen habe. Unbekannt blieb der Baumeister bis heute. Man vermutet, daß es ein Verwalter des berühmten Peter Parler aus Gmünd, Prager Dombaumeister, oder einer seiner Schüler war. Bauvorbild war die Appollinariskirche in Prag.

Es wäre noch vieles über Berg, Kaiser, Kloster und Oybin heute zu berichten, doch unser Kleinbahnzüglein hat gepfiffen, und wir müssen uns zur Rückfahrt sputen. Überfüllte Parkplätze raten uns, besser im Frühling oder Herbst dieses »Sächsische Juwel« zu besuchen.

46

DER TÖPFER

Zahlreich sind in Oybin die Wegweiser. Wir suchen auf der schönen Kurortpromenade das Schild, worauf Scharfenstein steht. Unterwegs gibt es schon viel zu sehen, doch wir wollen uns das Berggebiet rund um den Töpfer (580 m) anschauen, eine vielbesuchte Tourismusstätte. Bei der scharfkantigen Sandsteinpyramide Scharfenstein (570 m), auch Oberlausitzer Matterhorn genannt, angekommen, steigen wir zunächst auf diesen Gipfel, der schon ein weites Panorama bietet. Der Aufstieg ist gefahrlos durch eine Treppe. Nach unserem Abstieg entscheiden wir uns für die Kleine Felsengasse. Doch jetzt aufpassen, sich nicht im Felsengewirr verirren, sondern auf dem Weg bleiben und das Wegzeichen beachten. Es fallen große Felswände auf, die über und über mit einem Gitterwerk von Wabenmustern bedeckt sind. Aus dem Sandstein wittern einige Bestandteile aus. Dadurch entstehen diese wunderlichen Muster. Wir entdecken auch Ausblühungen von Gips, Alaun, Kalk, Eisen (Rotbraunfärbung) und Mangan. Wenn wir auf die Wegetafel »Zur böhmischen Aussicht« stoßen, wenden wir uns zu einer kleinen Felsenkanzel, die wir in zwei bis vier Minuten erreichen. Von hier aus ergibt sich die schönste Aussicht des Töpfergebietes in das böhmische Land. Unermeßlich weite Wälder liegen vor uns, und dahinter erheben sich der Jeschken und das Isergebirge.

Wir gehen wieder zurück und kommen bald an ein Felsgebilde, das wie eine sitzende Henne aussieht und auch den Namen Brütende Henne trägt. Hier oben hat die ewig schaffende, umformende Natur auch den Papagei, die Schildkröte, das Küken und viele andere merkwürdige Gestalten

191

geschaffen. Zu allen führen uns Wegweiser. Wir bleiben am Hauptweg und kommen bald an das Töpfer-Berggasthaus. In unmittelbarer Nähe ragt das Felsentor auf, das zwei riesigen Urnen oder Riesenkelchen ähnlich sieht und wahrscheinlich diesem Berg Töpfer den Namen gab. Auch hier führt eine durch Geländer gesicherte Treppe zum Aussichtspunkt hinauf.

Der Berg, der in einer Mönchsschrift von Oybin »Tepper« genannt wird, war, wie der Totenstein im Königshainer Gebirge, in prähistorischer Zeit eine Kultstätte gewesen, die Urnenfunde beweisen dies. Schon frühzeitig hat der Töpfer auch das Interesse von Wissenschaftlern erregt. 1782 besuchte ihn auch Professor Leske aus Leipzig, über dessen Oberlausitzreise in anderen, früheren Bergbesprechungen berichtet wurde. 1860 hat der Gründer des Oybin-Museums, der gleichzeitig der erste Philatelist Deutschlands war, den ersten Töpferführer veröffentlicht. Anlaß hierzu war, daß im selben Jahre die Bergbaude errichtet wurde. Beides führte zu überaus zahlreichem Besuch in jenen Jahren. Aber schon früher war dieser Berg beliebt. Nachdem im Jahre 1831 Sachsen eine Verfassung erhalten hatte, wollte man zu diesem Fortschritt eine sogenannte Konstitutionssäule als steinerne Erinnerung für kommende Geschlechter erbauen. Sie sollte zunächst auf dem Töpfer aufgestellt werden, was zeigt, daß dieser Berg schon sehr angesehen war. Schließlich errichtete man sie aber 1832 in Zittau, wo sie heute noch gegenüber der Post steht.

Schon vor dem Gasthausbau wurde der Berg viel in der Oster- und Pfingstzeit besucht. Wir können noch heute verstehen, daß in dem Felsgewirr die Orientierung nicht leicht war, weshalb auch Bergführer angeheuert wurden. Einer von ihnen war gewissermaßen ein Gastwirtsvorläufer, denn er hatte in der später verbauten Opfergrotte eine einfache Kochgelegenheit geschaffen, so daß zumindest Kaffee und Tee angeboten werden konnten. Allmählich aber wurde die Selbstorientierung ermöglicht, weil genannter Gebirgsverein die Aufstellung von Wegetafeln betrieb.

Der Töpfer hatte solchen Zuspruch, daß schon 1876 die Baude aufgestockt werden mußte. Dadurch wurden auch Übernachtungen möglich. Auch kulturell gesehen ist der Töpfer in der Oberlausitzer Geschichte besonders zu würdigen.

Hier fand am 14. Mai 1899 eine vom Gebirgsverein »Globus« veranstaltete Aufführung statt. Sie war die erste auf einer Oberlausitzer Freilichtbühne. Die am Plateau befindliche Felsenbühne war als Töpferwerkstatt hergerichtet, wo der Töpfer seine Freunde, den Hochwald, die Lausche, den Scharfenstein und den Oybin, empfing. Zu den zwei Verfassern des Stückes gehörte der damals in Zittau wirkende Lehrer August Matthes, der aus Wehrsdorf (dort befindet sich seine Gedenktafel am Geburtshaus) stammte. Unter seinem volkstümlichen Pseudonym Bihms Koarle gilt er noch heute als einer der Besten in der Oberlausitzer Heimatliteratur. Die über 2 000 Zuschauer hörten hier auch zum ersten Male das bekannte Oberlausitzlied »Heimatland, dir gilt mein Gruß!«. Im Jahre 1903 schlug ein Blitz in die Töpferbaude ein und setzte sie in Brand. Man sprach aber auch von Brandstiftung.

An gleicher Stelle entstand schon ein Jahr später die neue Baude, so wie wir sie heute kennen. Auch beim Baudenbau hatte man dazugelernt. Die ersten sahen noch mehr Bunkern ähnlich mit dicken Mauern, hier aber wurde so gebaut, daß große Fensterfronten günstige Aussichten boten.

Es gab buntgemischte Bergbesucher. Am 10. Juli 1859, als noch keine Bergbaude bestand, fanden sich auf Einladung des Olbersdorfer Gesangvereins »Liederkranz« 18 gleichaltrige Vereine aus der Lausitz und aus Nordböhmen ein. Dieses Bergtreffen war ein Erfolg, organisatorisch auf alle Fälle, denn manche heutigen Eisenbahnlinien gab es überhaupt noch nicht (nur die Strecke Dresden – Görlitz ab 1846/47). Was fehlte, war die Bewirtung. Das war der eigentliche Anstoß zum obengenannten Baudenbau. Am 29. Juli 1859 hat der Olbersdorfer Gemeinderat dem fortschrittlichen Bürgermeister Haberkorn in Zittau die Bitte um den Bau eines kleinen Berghäuschens samt Bewirtung vorgetragen, die genehmigt wurde. Im Frühjahr 1860 war Baubeginn. Der erste Bergwirt hieß Nentwig, der bereits am 15. Juli gleichen Jahres mit einem Festkonzert die Gaststätte eröffnen konnte. 1861 wurde der Saalbau erweitert.

1369 wurde dieser Berg von Kaiser Karl IV. neben weiteren neun Bergen den Cölestiner Mönchen am Oybin geschenkt. 1574 erwarb ihn die Stadt Zittau. In dem schon eingangs erwähnten unübersichtlichen und schwer zugänglichen Felsgewirr versammelten sich nach der bürgerlichen Revolution 1848/49 Angehörige des Bundes freier religiöser Gemeinden Deutschlands, deren Wirken in Sachsen verboten war. Er hatte sich 1859 aus der Vereinigung der deutschkatholischen und der freien Gemeinden gebildet. Die meisten Zusammenkünfte fanden im Zeitraum 1862 bis 1870 statt. Aus diesen religiösen Gruppierungen entstand teilweise auch die Freidenkerbewegung.

Vom Felsentor, wo eine Orientierungstafel mit Orts- und Kilometerangaben Auskunft gibt, überschauen wir den etwa 6 km breiten Waldgürtel zwischen der Oberlausitz und Nordböhmen. Das ist nur noch ein Zehntel Breite gegenüber der Zeit der letzten Jahrtausendwende, wo hier etwa 60 km breiter Wald lag. Bis zum ersten Weltkrieg haben in diesem Gebiet die sächsischen Könige und ihr Anhang große Jagden auf Birk- und Auerhühner veranstaltet. Hier bestand das größte Vorkommen dieser Vogelarten in Sachsen. Leider wurden diese Tierarten dadurch fast ganz ausgerottet.

Der Naturfreund findet mit Glück und nach vielem Suchen auch am Töpfer in etwa 550 m Höhe Leuchtmoose.

Nachdem wir zum Riesen- und Isergebirge hinübergesehen und uns gestärkt haben, begeben wir uns auf anderem Weg zum Rückmarsch. Unser Weg beginnt nur wenige Meter südlich der Gaststätte und biegt, vorbei an einem Brunnen, bald nach rechts ab. Wir gehen durch mehrere Wegwindungen und kommen schließlich zur sogenannten Oybin-Aussicht. Wir blicken hinab ins Tal, wo die Schmalspurbahn fährt. Auch groteske Felsbildungen fangen unsere Augen ein. Beim Weitergehen erreichen wir dann die Gratzerhöhlen, wildes Gewirr von großen und kleinen Sandsteinplatten, jedoch keine eigentliche Höhle. Der Weg fällt ständig ab und mündet schließlich bei der Teufelsmühle, die nur noch 370 m hoch liegt. Vom Töpfergasthaus bis hierher sind wir talabwärts in etwa einer Dreiviertelstunde rund 5 km gelaufen. Bis 1834 hieß die Mühle Einsiedlermühle, die aus der Zeit der Cölestiner Mönche stammt. An ihr endet unsere schöne Wanderung, auf der noch viele Naturschönheiten zu sehen sind.

47

DER HOCHWALD

Im Südostzipfel Sachsens finden wir die höchsten Berge der Oberlausitz. Zunächst steigen wir in Zittau in die seit 1890 fahrende Schmalspurbahn nach Oybin um.

So sehr uns der bienenkorbähnliche Berg Oybin lockt, streben wir aus dem Talkessel zunächst zum Ortsteil Hain, den wir zu Fuß in etwa 40 Minuten (3,5 km) erreichen. Dort, an der Grenze zur ČSFR, befinden wir uns in 550 m Durchschnittshöhe im höchstgelegenen Dörfchen der Oberlausitz. An der Grenze überragt der 606 m hohe Johannisstein das Dorf.

Drei Wege führen südlich vom Dorf zum Hochwald (749 m), dem zweithöchsten Berg der Oberlausitz. Es geht steil bergan. Die erste Möglichkeit ist der Ulmensteinweg am Ortseingang. Dort, wo die Jonsdorfer Straße in Hain mündet, beginnt der Rodelbahn-Weg, der kürzeste Pfad zum Gipfel. Am Dorfende bietet sich der Hochwaldweg an. Erwachsene müssen mit einer Stunde Aufstieg rechnen. Am steilsten ist der sogenannte Telefonweg, immer an den Telefonmasten und -leitungen entlang.

In etwa 670 m Höhe ist Phonolith dem Sandstein aufgesetzt. In dieser Höhe, zwischen beiden Gesteinen, fließen mehrere Quellen. Am Talfuß sehen wir noch Mischwald, doch zum Gipfel zu wird der Fichtenbestand immer dichter. Schon in alten Zeiten war der Hochwald ein vielbesuchter Aussichtspunkt. 1787 ließ der Ratsherr Hering aus Zittau 84 Stufen zum obersten Bergplateau anlegen. Danach wurde am Gipfel ein riesiges Kruzifix aufgestellt, das 1834 noch stand und dem Gipfel den Namen Kreuzstein gab.

Über den Gipfel verlief einst die deutsch-österreichische Grenze. Heute gehört eine Gipfelhälfte der ČSFR. Bis 1855 erhob sich auf ihr eine von österreichischen Ingenieuren errichtete Holzbalken-Pyramide. 1853 hatte der erste Baudenwirt Marx ein Gasthaus bauen lassen. Am 1. August 1877 jedoch glaubten die Einwohner der umliegenden Dörfer, daß der Hochwald wieder zum Vulkan geworden sei, so loderten die Flammen. Das Gasthaus brannte.

Aber schon im nächsten Jahr entstand, wieder auf österreichischem Grund, eine neue Baude. Außer den zwei großfenstrigen Gasträumen enthielt sie mehrere Fremdenzimmer. Dadurch, daß der sächsische Wirt auf österreichischem Boden arbeitete, ergaben sich für ihn Ärgernisse. Deshalb ließ er 1888 kurzerhand ein zweites Gasthaus auf sächsischem Grund erbauen. Das ältere war nur noch »Österreichische Weinstube«.

Zwischenzeitlich hatte der Zittauer Gebirgsverein »Globus« einen Aussichtsturm errichtet. Die Einweihung des »Carola-Thurms« fand unter »enormen Menschenzulaufs« statt, so der Chronist am 3. September 1879. Vier Treppen zu je zehn Stufen führten hinauf.

Auch die neue Gaststätte brannte nieder. Am 23. April 1938 stieg eine gewaltige Feuersäule auf. Danach wurde die Gaststätte wieder aufgebaut. Die Einweihungsfeier im Juni 1938 wurde vom Rundfunk übertragen.

Der Aussichtsturm aus Holz brannte 1884 durch Blitzschlag. Der Gebirgsverein begann Geld für einen steinernen Aussichtsturm zu sammeln. Da aber nur 8 000 Mark zusammenkamen, wurden benachbarte Gebirgsvereine um Unterstützung gebeten. Vereine aus Oybin, Jonsdorf, Reichenau, Großschönau und Herwigsdorf sammelten. So konnten rund 13 000 Mark aufgebracht werden. Um Transportkosten zu sparen, brach man die Steine am Berg. Der Bruch ist heute noch zu sehen.

Der Turm auf dem Hochwald erhielt das Aussehen eines Leuchtturmes. Er war 33 Meter hoch, hat 136 Stufen und wurde am 14. September 1892 der Öffentlichkeit übergeben.

Am Aussichtsturm befindet sich auch eine gemütliche Turmbaude.

In jenen Tagen begann der Streit, ob die Lausche oder der Hochwald die schönste Bergaussicht der Oberlausitz bietet. Wir können uns nur dem anschließen, was ein Weitgereister in das Gästebuch schrieb: »Ihr Lausitzer, seid froh, daß ihr zwei solche prächtige Berge habt!« Die Aussicht von der Lausche ist gewaltiger, die vom Hochwald vielseitiger, vor allem, was den Blick über Nordböhmen betrifft. Ohne den Leser ermüden zu wollen, müssen viele Aussichtspunkte aufgezählt werden. Beginnen wir im Osten: Am Horizont liegen das Riesengebirge mit der Schneekoppe, das Isergebirge mit der Tafelfichte, der Jeschken mit seinen Ausläufern im Südosten. Wir sehen den böhmischen Doppelberg Trosky, der auf beiden Gipfeln ein Schloß hat. Unser Blick erfaßt auch das Isersandsteingebirge zwischen Turnau und Münchengrätz, die Burg Dewin am Hammersee und vor allem den Řip, Geltschberg oder Georgenberg bei Raudnitz. Dann erblicken wir den Doppelberg Bösig mit Schloß und Klosterruine, den Roll mit Ruine, den spitzen Kleis. Dann ragt schon der Milleschauer empor, den Alexander von Humboldt zu den vier schönsten Aussichtsbergen der Welt zählte. Man sieht weiter alle Oberlausitzer Bergketten und Einzelberge.

Etwa 50 000 Menschen besuchen jährlich den Hochwald. Bei winterlichen Hochdruckwetterlagen kommen hier solche Luftmassenschichten vor, daß es am Berg 15 Grad (!) wärmer als in den Tälern ringsum ist. Unten wogt dann Nebel, und oben herrscht eine wunderbare Fernsicht. Wer so einen Tag erlebt, kann sich gratulieren. Natürlich muß man schon hören, was die Meteorologen vorhersagen.

Bis 1369 gehörte der Hochwald zur Burg Oybin. Im gleichen Jahr schenkte Kaiser Karl IV. den Berg den Cölestiner-Mönchen. 1552 stritten sich die Mönche mit dem Herrn von Leipa, einem böhmischen Großfeudalen, um Berg und Wälder. 1574 kaufte die Stadt Zittau den Oybin, aber am 2. August 1604 machte die böhmische Adlige Berka von der Duba auf Reichstadt der Stadt Zittau den Besitz streitig. So wurde eine Grenze festgelegt.

Im 17. und 18. Jahrhundert wollten einige Leute Gold bzw. Edelsteine gefunden haben. Wie im Valtenberggebiet, tauchten venezianische Schatzgräber auf, sogenannte Walen. An der nordwestlichen Berglehne, dem Dorfe Hain zu, gab es einen Walenstein mit geheimnisvollen Zeichen. Ab 14. September 1782 forschte Professor Gleiß im Auftrag der sächsischen Regierung intensiv nach. Über das Ergebnis wurde nichts bekannt.

Dem botanisch Interessierten bietet der Hochwald etwas Interessantes, das Leuchtmoos. Viele Sagen berichten von blinkendem Schein in Stein- und Erdspalten der Berge. Am hellichten Tag entpuppte sich der leuchtende Schatz als Lehmklümpchen. Heute weiß der Fachbotaniker, daß als leuchtende Stelle die algenartig verzweigten Vorkeime des Leuchtmooses gesehen wurden. Ihr geringes Lichtbedürfnis ermöglicht das Gedeihen in Erdhöhlen, Felsklüften und unter Steinblöcken.

Das Leuchtmoos, das ständig feuchte, aber nicht nasse Böden braucht, ist im Raum um Hochwald und Lausche keine Seltenheit und zeigt den montanen Charakter der Felsflora. Schon 1926 wurde Leuchtmoos an den Böschungen des Hochwaldes am Weg nach den Felsengassen in rund 630 Meter Höhe gefunden. 1938 wurde eine andere Stelle in 540 Meter Höhe am Floßbergweg entdeckt, um nur zwei Fundstellen zu nennen.

Nachdem wir uns in der Bergbaude, die nach drei Seiten Aussicht bietet, gestärkt haben, beginnen wir den Abstieg. Unterwegs stellen wir uns vor, wie vor rund 135 Millionen Jahren ein Meer in dieser Gegend eisen- und kalkhaltigen, mit Quarzteilen, Schnecken und Muscheln vermischten Sandstein abgesetzt hat. Wind und Wasser haben überall die Felsen zu Quadern zersägt. Vor 30 Millionen Jahren durchbrach Lava den Sandstein, wie anderswo in der Oberlausitz den Granit und Basalt. Zurück blieben später die Phonolithkegel.

Natürlich wurde das Hochwald-Terrain auch als Wintersportgebiet entdeckt. Wer den Rodelbahnweg abwärts geht, befindet sich auf der 1908/09 geschaffenen sehr steilen Rodelbahn, die zwei Kilometer lang ist. Bald sind wir wieder in Hain und treten die Rückreise an.

48

DIE NONNENFELSEN

Neben Oybin sind die Nonnenfelsen (536 m) bei Jonsdorf die meistbesuchten Fremdenverkehrsstätten der südlichen Oberlausitz. Auch wir erwählten sie nun als unser Bergziel. Diesmal jedoch fahren wir von Zittau über Bertsdorf, wo sich die Schmalspurbahn gabelt, nach rechts, nach dem Endpunkt Kurort Jonsdorf. Das sind etwa 13 km schöne Fahrt, und beim Aussteigen haben wir bereits eine Höhe von 451 m (Bahnhof) erreicht. Ein schöner, gepflegter Ort nimmt uns auf, was sofort jeden Besucher erfreut. Schilder zeigen uns den Weg nach den sogenannten Zigeunerstuben, einem Gang durch Sandsteinfelsen.

Der Name stammt angeblich von Zigeunern, die hier öfters rasteten.

Die Zigeunerstuben sind geologisch interessant, weil hier einstmals vulkanisches Material im Sandstein anstand, das jedoch in Jahrmillionen auswitterte. Der Sandstein blieb stehen, weil durch eisenschüssige Wässer sich Erze an den Wänden absetzten, die den Sandstein widerstandsfähig gemacht haben. Unser Pfad wendet sich in höherer Lage allmählich in südlicher Richtung. Beim Durchqueren von Felsgebieten erinnern wir uns daran, daß hier in diesem Stein- und Urwaldgewirr bis tief in das Mittelalter Wölfe, Bären, viele Luchse und Wildkatzen, oben in höchsten Felsenhorsten Adler lebten. Wir begegnen keinen Raubtieren, wohl aber an den Wochenenden vielen Besuchern, denn unweit steht das Nonnenfelsen-Gasthaus. Für besonders rüstige Wanderer, die weitere Strecken bevorzugen, sei angegeben, daß man von Zittau aus zu Fuß die Nonnenfelsen in zwei-

201

einhalb Stunden, von der Lausche und von Oybin aus in etwa eineinhalb Stunden erreicht.

»Eine köstliche Aussicht und ein gewaltiges Echo«, so schrieb Dr. Alfred Moschkau schon 1890 im »Gebirgsfreund«, erwartet uns oben auf dem obersten Aussichtsplateau. Sehr schön präsentiert sich, nachdem wir über ein Brückchen zum Gipfel emporgestiegen sind, der Kurort Jonsdorf samt seinen umgebenden Bergen. Man sieht die Görlitzer Landeskrone, Teile des Isergebirges, den Hochwald, den spitzen Kleis, die Lausche und unter uns die sogenannte Gondelfahrt, um nur einiges zu nennen. Wer allerdings vor 200 Jahren in dieser Gegend weilte, konnte kaum solche Bergaussichten genießen, denn die Nonnenfelsen waren für Frauen und ältere Männer so gut wie gar nicht zu ersteigen. Nur jüngeren Männern gelang dies mit großer Anstrengung.

Wer am Gipfel steht, der sieht keine Nonnen, und der Fremde fragt sich, warum die Felsengruppe diesen Namen trägt. Befand sich etwa hier einmal ein Frauenkloster, lag in dieser einstmaligen Abgeschiedenheit eine einsame Kartause? Nein, das gab es hier nicht. Wer aber etwas entfernter von den Felsen steht, etwa am 1879/80 geschaffenen Gondelteich, auch vor der gegenüberliegenden Ausflugsgaststätte »Zur Gondelfahrt«, der erkennt bei ein wenig Phantasie mehrere »Nonnen« mit ihrem Umhang. Der Zittauer Geschichtsforscher Dr. Ch. A. Pescheck, ein gebürtiger Jonsdorfer, hat sie schon 1791, auch 1821 beschrieben und 1833 poetisch verherrlicht. Aber nicht Männer der Wissenschaft oder der damaligen Obrigkeit waren es, die dieses Bergfelsengebiet »besuchsreif« machten.

Vor etwas mehr als 200 Jahren, 1787, wurde im allerhöchsten Dorf der Oberlausitz, in Hain bei Oybin, Johann Friedrich Seidel geboren. Er blieb als einfacher Kammstricker, der seit 1825 in Jonsdorf wohnte, ein Leben lang arm. Materielle Freuden blieben ihm versagt, und deshalb widmete sich der ohnehin Naturbegeisterte mehr und mehr den Schönheiten seiner Heimat. Es blieb aber nicht nur beim Genießen, sondern seine Liebe zur Natur zwang ihn zu tätigem, verschönerndem Handeln. Buchstäblich nur mit Hacke, Schaufel und Brecheisen ausgestattet, ein wenig Brot und Käse in der Tasche, begann er ab 1846 die kräftezehrende Arbeit. Sein Ziel war, zum Nonnenfelsengipfel leicht begehbare Gänge, Ausschauplateaus, Brücken, ja ganze Felsengassen auszuhauen bzw. zu bauen. Auch die ersten Hinweistafeln stellte er auf oder brachte sie an. Manches kostete natürlich Geld, und es war auch für uns Glück, daß sich ein zweiter Naturbegeisterter fand, der Seidel finanziell unterstützen konnte, gewissermaßen ein seltener Gönner in einer damals armen Weberortschaft. Es war der Müller Sussig, der den Fleißigen wacker mit seinen Mitteln und Beziehungen unterstützte. Geehrt von seinen Dorfnachbarn, die sahen, wie Seidel wirklich jede freie Stunde den Nonnenfelsen und der Umgebung widmete, blieben auch Ehrungen durch die Behörden nicht aus. Im Alter verzog dieser Pionier der Oberlausitzer Landschaftsgestaltung nach Oybin, wo er 78jährig 1865 starb.

Vieles war noch zu verbessern, und glücklicherweise fand sich erneut ein begeisterter Freund der Natur, der Seidels Werk fortsetzte.

Im Jahre 1858 begann der junge Weber Karl Gotthelf Buttig mit zusätzlichen Erschließungs- und Zugangsarbeiten. Schon während er hackte, schaufelte, Steine brach, sich an kleinen Feuern in kalten Monaten die Hände wärmte, fragten ihn immer mehr und mehr ankommende Besucher, wo man essen und trinken könne. Dies brachte Buttig auf die Idee, am Nonnenfelsengipfel eine kleine Gaststätte zu bauen. Bald erhielt er die Genehmigung zum Baudenbau, und er selbst wurde ein beliebter, allzeit freundlicher und aufmerksamer Gastwirt der zu Pfingsten 1860 eröffneten Gaststätte. Leider wurde die gesamte Anlage auf dem kleinen, teils natürlich, teils künstlich geschaffenen Felsplateau 1902 das Opfer eines Schadenfeuers. Bald wurde der folgende Neubau wieder zu dem beliebten Ausflugsziel der zahlreichen Urlauber, Reisegruppen und Natur- und Bergfreunde.

Nicht weit von den Nonnenfelsen, auch Nonnenklunzen genannt, liegen die berühmten Jonsdorfer Mühlsteinbrüche. Nur wenig können wir hier über sie sagen. Hier mehrten sich vor Jahrmillionen die Durchbrüche vulkanischen Gesteins, begleitet von vulkanischen Gasen, die den benachbarten Sandstein umformten. Es entstanden sogar Sandsteinsäulen. Die Große und die Kleine Orgel sind Zeugen. Auch horizontale Erzbänder, Erzplatten und -schnüre sind zu entdecken, etwa bei den Drei Tischen. Durch all diese Vorgänge entstand hier bester Sandstein zur Herstellung von Mühlsteinen, die europäischen Ruf errangen. Man konnte sogar Spezialitäten entwickeln, so Mühlsteine für die Getreide-, Farbstoffherstellung, wie auch für Steinmühlen usw. Ungefähr um die Jahrhundertwende, um 1900, wurden nach Rußland jährlich etwa 1 000 Mühlsteine versandt. Die letzten Mühlsteine wurden noch 1915 gebrochen. Bei unserem Spaziergang durch die Mühlsteinbrüche entdecken wir auch ein niedliches Häuschen, die Steenbruchsschmiede, die nach dem zweiten Weltkrieg fast verfallen war, aber durch die tatkräftige Hilfe von Kulturbundmitgliedern restauriert wurde. Wir müssen schön auf den Wegen bleiben, auch die zahlreichen Wegetafeln und -schilder sowie Wanderzeichen beachten, damit wir uns zwischen den vielen Brüchen, die alle eigene Namen haben, nicht verirren oder gar in einen hineinfallen. Die Tatsache, daß hier Sandstein säulenförmig ansteht, hat auch den großen Naturforscher Alexander von Humboldt interessiert. Im Gegensatz zu früher vielfach geäußerten Ansichten wissen wir heute, daß der Gelehrte zwar nicht selbst in den Mühlsteinbrüchen war, wie einst behauptet wurde, er aber 1852 einen Maler und zwei Geognosten beauftragte, diese Säulen zu untersuchen und zu malen. Heute erinnert noch ein Humboldtfelsen inmitten der Mühlsteinbrüche an diesen großen Forscher. Der Tierfreund hat in dem Felsengebiet die seltene Gelegenheit, einen Uhu zu beobachten.

Jonsdorf ist noch relativ jung. Um 1500 stand hier nur ein Vorwerk der Oybiner Mönche. Doch 1539 konnten sich zehn

Gärtner ansiedeln, was besagt, daß ihr Grundstück nur klein war. Der Ortsname stammt von einem Klostervogt, damals auch Schaffer genannt, der Jonas hieß. Bekannt wurde der Ort erstmals in weiteren Gegenden durch die am 15. Mai 1842 durch den Arzt K. Ch. G. Linke eröffnete Kaltwasserheilanstalt, wo nach Methoden von Kneipp und Prießnitz Gesundheit vermittelt werden sollte. 1893 eröffnete der Südlausitzer Verband der Gewerkschaften in Jonsdorf ein Genesungsheim für Lungenkranke.

Aus dieser Gegend kam, außer besten Mühlsteinen, aber noch eine weitere Attraktion, die leider bis heute Geheimnis blieb. In Neu-Jonsdorf, das erst 1667 gegründet wurde, besaß vor etwa 230 Jahren ein gewisser Gottfried Weber ein großes Gelände, wo er eine Baumschule mit 5 500 Bäumen anlegte. Er verstand seine gärtnerische Tätigkeit so gut, daß er wagenweise nicht nur in Deutschland, sondern auch in Polen, vor allem in Warschau, seine Bäumchen und Sträucher verkaufen konnte. Er hat eine Methode ausgearbeitet, das Reifen der Kirschen bis Ende Oktober aufzuhalten. Berittene Sonderkuriere des sächsischen Hofes in Dresden holten sie, und so waren die sächsischen Herrscher die einzigen auf der Welt, die ausländischen Fürsten, Diplomaten, aber auch ihren Mätressen zu dieser Jahreszeit frische Kirschen servieren lassen konnten. Viele seiner gärtnerischen Erfahrungen schrieb Weber in einem Obstbaubüchlein auf, all sein Wissen gab er seinem Sohn weiter, aber das Geheimnis der Oktoberkirschen nahm er mit ins Grab. Schade! Zu einer Zeit, wo es noch keinerlei Konservierung von Früchten bei uns gab, war dies um so höher zu bewerten.

49

DIE LAUSCHE

Sie ist die Königin der Oberlausitzer Berge, die Freude aller Bergfreunde und der Stolz der Ostsachsen, die 793 m hohe Lausche im Zittauer Gebirge.

Gut ausgeruht fahren wir nach Waltersdorf. Wir stapfen die steile Hauptstraße empor in Richtung Süden. Waltersdorf besitzt alte, schöne Fachwerk- und Umgebindehäuser, vor allem aber kunstvolle Portale, wie sie in dieser Zahl in keinem anderen Oberlausitzer Ort vorhanden sind.

Wir streben hinauf zum Bergsattel, zur »Wache«, wo wir den Wald erreichen, der nach Böhmen abfällt. Nun stehen wir schon in 570 m Höhe. Der Blick zurück ist entzückend, der nach rechts im Sommer wegen herrlich grüner Matten idyllisch. Im Winter sind die Hänge bevölkert von zahlreichen Wintersportlern. Hier liegen die steilsten und längsten Skihänge der Oberlausitz, die alpine Technik erfordern. Ein Skilift ist ebenfalls vorhanden.

Bis zum Gipfel haben wir, nun rechts gehend, noch 220 m auf Serpentinen zu ersteigen. Wir entdecken sogleich links ziegelrote Erde, die verwitterter Basalttuff ist. Dem botanisch Interessierten sei bei einem abendlichen, schon bei Düsternis unternommenen Anstieg Aufmerksamkeit für das Leuchtmoos geraten. Es kommt an den Wegböschungen in etwa 600 bis 750 m Höhe vor, wo man es erstmals 1926 entdeckte. Zu beachten ist auch, daß unten am Berg schöner Mischwald steht, in den oberen Hangzonen aber immer stärker die Buche dominiert. In der Gipfellage herrscht die Rotbuche, deren Äste oft verbogen, zerzaust und auch abgebrochen sind. Traumhaft schön sind die Bäume, wenn ihnen zwölf bis fast zwanzig Zentimeter dicker Rauhreif anhaftet. Nun lassen wir den Historiker sprechen. Ein Traum des »alten Matthes« soll der Grund gewesen sein, daß er schon 1823 den Serpentinenweg anlegte und am Gipfel eine Holzbude errichtete. Sprunghaft stieg die Besucherzahl. Böhmische Harfnerinnen sangen, Invaliden spielten Drehorgel-Melodien auf, man trank österreichische Weine, tanzte auf dem Gipfelplateau zu Geigenklängen und konnte auch ein schönes Souvenir mitnehmen, denn seit dem 15. Mai 1831 verkaufte der böhmische Glaswarenhändler Ignaz Krische aus Steinschönau schöne, preiswerte Glaswaren. Er konnte sogar als alter Mann noch am 15. Mai 1881 sein 50jähriges Gipfeljubiläum feiern. 1825 legte Gastwirt Karl-Friedrich Matthes einen Kegelschub an, 1830 einen Tanzplatz. Am Gipfel trafen sich aber auch Mitglieder einer Freikirche, für die ein gewisser Czersky aus Schneidemühl (ehemals Westpreußen) am 30. Juni 1864 und 3. Juli 1867 Bergpredigten hielt. 1892 erbaute »Vater Weikert« eine modernere Berggaststätte, aber auch durch sie verlief im Hausflur die deutsche und österreichische Grenze. In der sächsischen Gaststube konnte man »Zittauer«, in der österreichischen »Zwickauer« Bier trinken. Um den Blick über hohe Baumwipfel zu ermöglichen, wurde gleichzeitig ein zehn Meter hoher Holzaussichtsturm errichtet. Am 8. Januar 1946 wurden Baude und Turm Opfer eines Feuers, seitdem gibt es keine Bewirtung. Pläne für eine neue Lauschebaude wurden erarbeitet, kamen aber nie zur Ausführung, weil die Lauschekuppe seit 1967 unter Naturschutz steht.

Der Berg hatte früher andere Namen. 1538 nennt ihn ein Waltersdorfer Kirchenbuch Spitzer Stein. Der Mont Blanc der Oberlausitz, wie er von Bergbegeisterten auch genannt wird, hieß früher auch Spitzberg, Mittagstein und Hikkelstein. Letztgenannter ist aber eine Nebenkuppe, die heute noch so genannt wird. Erst seit 1631 trägt er seinen jetzigen Namen, der zwei Deutungen hat. Er soll sich von dem Begriff luschen (auf Wild lauern, im Verborgenen liegen) ableiten. Die zweite Namenserklärung leitet sich vom alttschechischen Begriff »louce« ab, was Scheide, Trennung oder Grenze bedeutet. Dies erscheint uns als richtige Erklärung, zumal hier immer Grenzgebiet war.

Am Lausche-Nordhang entstand ein Wintersportparadies. Waltersdorfer Kinder waren mit ihren »Käsehitschen« die allerersten auf den Schneehängen. 1898 richtete der genannte Lauschewirt nach dem Vorbild aus dem Riesengebirge sogenannte Hörnerschlittenfahrten ein. Nach dem ersten Weltkrieg gab es hier keinen Skisport, denn »die Hänge sind zu steil«, hieß es. Norwegische Studenten, die aus Dresden hierher kamen, »brettelten« jedoch schon darauf herum, sie kannten schon den »Telemark«, den »Christiania« usw., und bald folgten die Einheimischen. Als 1923 die erste Schanze gebaut wurde, kamen immer mehr Wintersportler.

Schon in den dreißiger Jahren waren sonntags die Hänge mit Skiläufern übersät. Auch der allgemeine Tourismus wuchs sprunghaft. Es gibt richtige Lausche-Fanatiker, die alljährlich fünfzigmal den Berg besteigen. Einer tat es im Jahre 1927 sogar 122mal. In den fünfziger Jahren jedoch lebte in Waltersdorf ein Mann, der noch nie auf dem Gipfel der Lausche war. Der älteste Besucher, den es bis jetzt auf der Lausche gab, war eine über 101 Jahre alte Frau Pech, die in Begleitung von zwei Urenkeln und jungen Nachbarsleuten am 4. August 1934 in viereinhalb Stunden, vom Waltersdorfer Ortsteil Herrenwalde kommend, aufstieg und oben ein achtstrophiges Heimatlied voller Ergriffenheit sang.

Hier haben Wald- und sonstige Arbeiter dem sächsischen Kronprinz und späteren König Friedrich August auch eine schöne Abfuhr erteilt: In Begleitung eines Oberförsters war er zur Jagd auf die Lausche gekommen. Dies erfuhr der Bergwirt, der rasch eine bengalische Beleuchtung, ein Buntfeuer, zur Begrüßung des hohen Gastes inszenieren wollte und einige Leute aus den Nachbarorten damit beauftragte. Sie sollten an einer Nebenhöhe, am Abhang des Sonnenberges, das Feuer entfachen, wofür sie Freibier sofort erhielten. Der Oberförster mußte Majestät so lange hinhalten und erzählte Geschichten, bald wußte er nichts mehr und fing zu dichten an, aber noch immer geschah nichts. Ein Bote des Wirtes klärte alles: Die »Buntfeuer-Männer« hatten sich statt für »Hoheit« mehr für das Bier interessiert und schliefen im Berggras ihren Rausch aus.

Noch um die letzte Wegbiegung nach links, und wir sind oben. Zunächst muß man die Augen schließen, so überwältigend ist die Rundsicht. Schlagartig kann das Auge, das Gehirn nicht all die Eindrücke dieser Pracht fassen. Im Norden dämmert im blauen Dunst die Ebene, im Südosten springt uns fast die Schneekoppe an und im Westen zeigt sich das Erzgebirge. Aber nun beginnen wir zu »sortieren«. Das Riesengebirge zeigt sich mit dem Reifträger, dem Hohen Rad, den Elbwiesen und der Schneekoppe mit Kapelle. Es folgt rechter Hand der Isergebirgskamm mit Tafelfichte und den Vogelkuppen, die Gegend von Semily und Jičín, Gabel, Roll, Hirschberg, Dewin, Kamnitzer Schloßberg, der doppelgipfelige Bösig, der Leipaer Spitzberg, der Bürgstein, der Kleis, Höhen des Erz- und sogar des Fichtelgebirges und Hunderte Berge dazwischen und in der Oberlausitz. Ebenso zahlreich sind die Orte.

Zu beneiden sind jene Bergfreunde, die das Glück hatten, bei völlig klarer Sicht sogar die Hügel hinter Prag, aber ganz deutlich die Prager Burg mit dem Veitsdom mit einem guten Fernglas zu sehen. Auch Mělník erblickt man öfter. Alte Bergfreunde und Bergsteiger versichern, daß auch die Aussicht vom Brocken, der Schneekoppe und dem Milleschauer nicht überwältigender ist, wie auch ich mich mehrfach davon überzeugen konnte. Ist auf der Lausche noch eine Erlebnissteigerung möglich? Sie ist es. Wer im Sommer an schönen Tagen des Nachts zwei Uhr den Berg besteigt und am Gipfel den Sonnenaufgang erwartet, dem bietet sich bald ein gewaltiges Riesenpastellgemälde. Als wären sämtliche Farbenkästen und -paletten der Welt über den Himmel und über Berge, Täler, Wälder und Orte ausgeschüttet, mutet das zu Sehende an. Ein Erlebnis einmaliger Art. Aus diesem Grunde haben schon früher viele Bergbesucher in der Bergbaude übernachtet.

Die überschaubare Fläche hat die Größe der Hälfte des Freistaates Sachsen.

Beim Abstieg kommen uns so manche Gedanken. 1839 schrieb ein gewisser Adalbert Schiffner in der für damalige Zeit wissenschaftlichen Veröffentlichungsmöglichkeit, im »Lausitzer Magazin«, daß er sogar das 380 km entfernte Dachstein-Gebirge gesehen haben will. Wir zweifeln daran, doch ist es möglich, daß er vielleicht eine seltene Luftspiegelung erblicken konnte. Der Lausche dominierende Lage hat auch die Deutsche Post ausgenutzt und am Berg einen Fernsehumsetzer errichtet. Den Tierfreund interessiert, daß man am westlichen Berghang oft gutgeformte Muschelabdrücke im Sandstein findet, den Botaniker außer dem Leuchtmoos noch mehrere alpine Pflanzenarten. Wer kennt noch den optischen Telegraphen, der auf der Lausche seit 1808/1810 stand und nur für Staatsnachrichten benutzt werden durfte? Daran hielten sich gewinnsüchtige Spieler des »Böhmischen Lottos« nicht und benutzten ihn zum Nummernschlagen, wodurch sie von Böhmen Gewinnummern übermittelt erhielten, die sie in der Oberlausitz noch setzen konnten. Etwas Ähnliches kennen wir auch aus Schirgiswalde. Wer vom Berg herunterkommt, ist müde. In einer der vielen, schönen und gemütlichen Gaststätten in Waltersdorf stärken wir uns vor der Heimfahrt, auf die wir unvergeßliche Landschaftsbilder von unserer Wanderung auf die Lausche mitnehmen.

Klosterberg Demitz-Thumitz.

Ortsnamenverzeichnis

Gruß vom Bieleboh
(sächs. Oberlausitz)
500 m ü. N. N.

LITERATURVERZEICHNIS
(Auswahl)

Brückner, H.: Der nördliche Hauptzug des Lausitzer Granitgebirges zwischen Löbau und Bischofswerda. In: Bericht über die Tätigkeit der Naturwissenschaftlichen Gesellschaft Isis, Bautzen, in den Jahren 1916–18, Bautzen o. J.

Die südöstliche Oberlausitz mit Zittau und dem Zittauer Gebirge. In: Werte der deutschen Heimat, Bd. 16, Berlin 1970

Geschichte des Berges und des Ortes Oybin. Rat der Gemeinde Oybin 1956

Hempel, W.: Vegetation des Bezirkes Dresden. In: Sächsische Heimatblätter, Dresden 1976

Kramer, R.: Zittau und seine Berge. Zittau 1914

Kubasch, H.: Heimatbuch Kreis Kamenz. Kamenz 1954

Lausitzer Bergland um Pulsnitz und Bischofswerda. In: Werte unserer Heimat, Bd. 40, Berlin 1983

Lausitzer Wanderbuch. Einzelausgabe für Zittau, I. Teil, Dresden-Wachwitz 1922

Lehmann, M.: Führer durch die Oberlausitz und das nördliche Böhmen. Dritte, verbesserte Auflage, Bautzen 1926

März, Ch.: Berg und Tal der Heimat. Geologisch-geographische Wanderungen in der Amtshauptmannschaft Löbau, Löbau 1905

Möbius, G.: Einführung in die geologische Geschichte der Oberlausitz. Berlin 1956

Neues Lausitzisches Magazin. Zeitschrift der Oberlausitzischen Gesellschaft der Wissenschaften, Görlitz (mehrere Jahrgänge)

Pietzsch, K.: Abriß der Geologie von Sachsen. Berlin 1951, 1962

Schütze, Th.: Um Bautzen und Schirgiswalde. In: Werte der deutschen Heimat, Bd. 12, Berlin 1967

Schütze, Th.: Zwischen Strohmberg, Czorneboh und Kottmar. In: Werte unserer Heimat, Bd. 24, Berlin 1967, 1974

Schütze, Th., u. a.: Das schöne Bautzener Land. Heft 1–13, Bautzen 1954–1966

Schütze, Th., u. Militzer, M.: Landschaftsschutzgebiet Lausitzer
    Bergland. Bautzen 1964
Tourist Reisehandbuch. Berlin/Leipzig 1985
Unsere Heimat. Beilage zum Sächsischen Erzähler. Bischofswerda,
    1921–1939
Wanderführer durch die Stadt und den Kreis Görlitz. Rat der Stadt
    Görlitz 1975

Die Ansichtskarten stellte
uns freundlicherweise Herr Siegl
zur Verfügung.

ISBN 3-7420-0746-7

1. Auflage
Copyright by Domowina-Verlag GmbH, Bautzen 1991
LSV 5289
Lektor: Lucia Böhme
Gestalter: Joachim Bethmann
Hersteller: Andreas Bensch
Printed in Germany
Kartengestaltung und -druck:
Hermann Haack Verlagsgesellschaft mbH i.A. Gotha
Satz und Druck des Textteiles: INTERDRUCK Leipzig GmbH
Buchbinderische Verarbeitung: Leipziger Großbuchbinderei GmbH
Bestell-Nr. 591 291 0

EBERSBACH

Spreedorf-Oberland

Spreequelle
Kottmar
583
Kottmar-
häuser

Kuckucks-
häuser

141

Walddorf

Grundwasser

96

Eibau 42
Beckenberg

Oberode

Neueibau

Bf.
Oberoderwitz-
Oberdorf

NEU-
GERSDORF

43
Spitzberg
514
Gutfelden

ČSFR

431
Jockelberg

Leutersdorf

471
Großer Stein

Mandau

Spitzkunners-
dorf

SEIF-
HENNERS-
DORF
468

Hainewalde

Hutberg
378

Zeichenerklärung
(gilt auch für vordere Vorsatzkarte)

–·–·–·–	Staatsgrenze
– – – –	NSG- und LSG-Grenze
◭	Grenzübergang
··········	Hauptwanderweg
⌣ ⌣	Steinbruch, Grube
⬬ ⬬	Tagebau, Halde
♪	Burg, Schloß
♪	Burg-, Schloßruine
♦	Aussichtsturm
♀	Hervorragender Baum
☼	Erdwall, Wallanlage
Ψ	Sprungschanze

44
Bre
510

Großschönau

Berts

Lausur

Herren-
walde

Saalendorf

LSG

Z   I   T

Waltersdorf
712

Buchberg
651

NSG
Lausche
793

Nonnenfelsen

45

G

NSG

| 0 | 0,5 | 1 | 2 | 3 | 4 | 5 km |

| 300 | 400 | 500 | 600 | 700 m |